JN157631

子どものかわいさに出あう 増補版

乳幼児期の発達基礎講座

近藤直子 著
Kondo Naoko

クリエイツかもがわ
CREATES KAMOGAWA

はじめに

２０１６年４月末に日本福祉大学を定年退職し、「あいち障害者センター」理事長職を頑張ることが可能になったため、さっそく、「発達理解基礎講座」を３回シリーズで企画したところ、すぐに定員一杯になってしまい、多くの保育者から「行きたかったのに……」と抗議されてしまいました。

一方、センターで企画した「障害児保育講座」は、参加者がなかなか増えなかったのですが、児童発達支援事業所や放課後等デイサービス事業所の職員も参加してくださり、「子どもの思いを理解するにはもっと発達を学ばなければ」という感想をいただき、「やっぱり発達だぁ」との思いを強くしました。発達を学ぶ機会がなかった方も働いておられるのですものね。

発達を学ぶということは、子どもの思いやこころを理解する手がかりを得ることのはず。ところが発達を子どもの到達すべき目標のようにとらえて、子どもが「そうならない」と不安になったり焦ったりする保育者もいます。保育者も親も子どももしんどくなるような学びはやめたいですよね。子どものかわいさや健気さに共感する学びを！というのが私の思い。

そんな思いから、私はすでに発達の本を数冊出していますが、大学の授業で学生たちに話してきたことをすべて書いてきたわけではありません。「障害児心理学」での話の半分は『ぐんぐん伸びろ発達の芽』（全障研出版部）に掲載していますが、「発達心理学」の話の３分の１くらいしか『続 発達の芽をみつめて』（全障研出版部）には掲載していません。大学で38年間も教えてきた「発達心理学」のなかみを、保育者向けにまとめて講座のテキストにしようかと考え、「講座」終了後に少しずつ書き溜めました。今後も「発達基礎講座」を続けていくことになるため、テキストとして活用するとともに、一人でも多くのみなさんが、子どもをかわいいと感じるための手がかりとして、学習会などで用いていただければうれしいです。

各講座扉のイラストは、１９８８年に初めて単著として出した『発達の芽をみつめて』（全障研出版部、現在絶版）に、私が描いたものを使わせてもらいました。文中のイラストは、私のオリジナルです。

２０１７年１月

もくじ

講座1

発達とは何か？

発達の具体的な過程をたどる前に、まずは「発達とは何か」という基本を考えてみましょう。

1 発達するってどういうこと?

Ⓐ「できなかったことができるようになること」が発達なの?

多くの人は「できなかったことができるようになること」が発達だと思っていますよね。でも、人間が育っていく過程では「できていたことができなくなる」ということが、実はたくさんあります。乳幼児期の例を挙げてみましょう。

離乳食の時には食べていた食材なのに1歳半前後で食べられなくなる子どももいます。母親は「私のしつけが悪いのでは」「私の育て方が悪いのでは」と不安になります。でも母親の接し方や味付けが急に変わるわけはないので、子どもの側の問題ということになります。

子どもは1歳代でとても賢くなります。犬も猫も「ワンワン」と言っていた子が、犬は「ワンワン」、猫は「ニャーニャ」と区別するようになります。大きさや毛並みもあまり変わらない現在の犬と猫。子どもは何を手がかりにして区別しているのでしょうね。考えたらすごいですよね。世界の細かい「違い」に気づき始めた子どもは、世界の中から「コレ」と思ったものを選ぶようになり、あそびもおもちゃも、そして食べ物にも「好き嫌い」ができ始めていくのです。

そうしてみると「食べたがらない」ということも、「賢さ」と「選ぶ力」の賜物ということになります。「自分で選ぶ」ことに意味を感じている子どもに、拒否したものを無理に食べさせようとしても当然嫌がります。私たち大人も、自分の「嫌いなもの」を与えられたら当然「イヤ」ですよね。嫌いなものを好きにさせようと無理なことを強いるよりも、子どもが選びたくなる物はどういうものなのか、選ぶものの幅を広げるにはどうしたらよいのかと考える方がクリエイティブですよね。

3歳まではトイレのスリッパをそろえていた子が、4歳を過ぎるとそろえないどころか、脱ぎ散らすようになったりします。だらしなくなったの？「厳しく叱らねば」と思う人もいるでしょうね。

3歳までは、大好きな大人のしたことを自らマネして「できるようになること」「できたことをほめてもらうこと」に子どもは意味を感じています。4歳を過ぎてくると、大好きな大人以上に仲間のことが気になります。仲間が園庭で遊んでいるとわかれば、心は園庭に飛び、スリッパは後ろにはねのけられることになります。「仲間よりもスリッパが大事」という4歳児はかえって心配ですよね。「仲間が気になる」という子どものこころを踏まえると、「次に使うお友達のためにスリッパをそろえてね」と指導することになりますが、すぐにはそろえるようにはなりません。仲間は園庭で遊んでいるのですから。目の前にいない仲間のことを考えられるほどに仲間のことがこころに位置づいて初めて、スリッパを再びそろえられるようになるのです。

このように人間は単純に「できなかったことができるようになる」存在ではなく、**自分が意味を感じたことに主体的になる存在**です。新たな意味の世界に入り、いままでの世界に意味を感じなくなれば、いままでしていたことをしなくなり、その結果できなくなることもある存在なのです。

B 主体性を尊重されることで私たちは自由を広げることができる

子どもも私たちも意味を感じたことに主体的になり、自分で自分を変えていきます。

知的障害がありことばをしゃべることもできない5歳のヒデ君。多動でクラスにいてくれないだけでなく、園庭から飛び出しパトカーに2回保護されています。担任の願いは保育室でいすに座っていてくれること。ヒデ君がいすから立つと追いかけては「座りなさい」といすに無理に座らせていました。クラスの子どもたちも担任に協力してヒデ君を追いかけて連れ戻してくれますが、じっと座っていてはくれません。いすに座るためにいすに座る人はいませんよね。食事のため、読書や絵を描くためというように、私たちは何かの目的でいすに座るのですが、ヒデ君の場合、担任は給食のために座る以外の目的を見つけられませんでした。

そこで「お父さんが好きだからお父さんのそばにいたいからソファに座るという座り方があるけれど、ヒデ君はあなたが好きだからとなりに座るということができると思う？」と尋ねたら「思いません。いすに座れと今まで強制してきたから、ヒデ君は私のことを鬼婆みたいに思っていると思います」と正直におっしゃいました。「それならば、明日からヒデ君があなたを大好きになるように、ヒデ君の好きな走ることを一緒に楽しんでください」とお願いしました。

１か月後に保育園に見に行くと、朝の自由あそびの時間帯に、先生はクラスの数人の子どもと一緒にヒデ君を追いかけて、捕まえてはくすぐったり、追い抜いたりと楽しく遊んでおられました。時間が来て先生がテラスで靴を脱ぎ靴箱にしまって保育室に入ると、ヒデ君も同じように靴を脱いで靴箱にしまい、私の脱いだ靴までしまってくれ、自分のいすを持ってきて先生の横に座り、先生がみんなに話をしている間、先生の服をつかんで座り続けているのです。クラスのみんなへの話が終わり、子どもたちが運動会の絵を描き始めると、ヒデ君も先生とグルグル描きを楽しんでいました。自分と楽しく遊んでくれる先生のことが大好きになったら、先生と一緒にいたいと思うようになり、先生と同じことをし始め、活動の幅を広げて簡単な単語を話すまでになって卒園していきました。自分でどんどんと変わっていったのです。

人間は意味を感じたことに向けて主体的になり、自分で変わっていく存在です。無理やり座らされていた時には不自由極まりなかったから逃げ出していたのに、先生が好きになると、先生と一緒にいること、先生のすることをマネすることに意味を感じて、自分から座るようになったのです。自分ですることを選び、したい世界を自分で広げ、思いをことばに乗せて伝える自由も広げていく、そうやって**人間としての自由を自分で広げていくことが発達なのです**。このことを**「主体性の原理」**と呼びます。

ⓒ 自分らしい自分を築くために自分で自分を変えていく過程を発達と呼ぶ

私たちの人生は、自分らしさを花開かせようとして、自分が意味を感じたことに向けて主体的に自分を変えていく過程です。だから「人間は一生発達する」と言われるのです。できなくなることも含みつつ「自分らしさ」を求め続ける過程なので、「到達した」と思ってもまた新たな自分を求めていくことになります。こうした人生の営みを尊重することが「個人の尊厳を保障する」ということなのでしょうね。

私たちが人生のある時期に意味を感じることには人としての共通性があります。障害の有無にかかわらず、人生のその時期において大切なことは共通しています。人間が「自分らしい自分」を築いていく過程において大切なことのアウトラインを踏まえた上で、子どもたちを理解するために必要なことを詳しく見ていくことにしましょう。

2 発達の大きな流れを踏まえよう

1のⒶで説明したように、自分らしい自分を築いていく過程においては「できていたことをしなくなる」といった一見「問題に見える」現象が出てきます。そうしたことに振り回されるのではなく、子どもの可能性をしっかりと理解し、「ステキに自分を変えることができた」と自分を肯定しうる方向で子どもを支えられるように、人間が自分を変えていく過程を大きくおさえておきたいですね。乳児期から学童期までのところは、講座**2**から**4**で改めて詳しく説明します。増補版では学童期を（補）として追加しました。

Ⓐ大人を大好きになる乳児期

乳児期において最も大切なことは大人を大好きになることです。寝返りもはいはいも、子どもは大好きな大人からの働きかけでチャレンジします。誰も見ていないところで黙々と寝返りを練習する子どもはいません。姿勢を変えるのがしんどいにもかかわらず、大人が声をかけてくれるから大人に向き合おうとして、体位を変換するのです。丸まりがちな背筋も、大人が向き合うことでシャンとします。おもちゃも大人が振って音を出すから魅力を感じて、手を伸ばすのです。子どもの世界は大好きな大人の存在によって広がっていきます。

Ⓑ 大好きな大人のしていることを取り入れて、自分のしたいことを築いていく幼児期前半

大好きな大人に気持ちを向けて世界を広げてきた子どもは、大好きな大人のしていることに気持ちを向けて取り入れていきます。大人の行動の中の自分のアンテナにかかった行動を取り入れて、頭の中にイメージとして蓄え、「したいこと」を築いていくのです。自分でしたいことを選び、「したい―したくない」を主張し、したいことをやりきることで「できる」自分を築いていきます。

Ⓒ 自分を中心に世界を見直し、仲間の中で新たなチャレンジをする幼児期後半

したい自分、できる自分を築いた子どもは、周りに新たな目を向けるようになります。自分よりもできる子がいることにも気づきます。面白いことをしている子にも気づきます。自分のこころにも仲間のこころにも気づきます。こうして世界と仲間を新たな目で見直すことで、子どもたちは大きく世界を広げ、自分を変えていきます。今までチャレンジしなかったことにも挑み、うまくいかずに揺れたり困ったりしつつも、チャレンジを続け、チャレンジにより変化した自分の発達も意識するようになるのです。

Ⓓ 価値の世界に入っていく学童期前半

乳児期から大きく育ってきた自分。自分の発達を意識すると、「より大きくなろう」とさらに努力するようになってきます。「大きいこと」を価値的と感じて、学ぶ、練習する、技を鍛える、財産を蓄える、幼い子を助けるといったことに熱心になります。世界を大きく広げることにも意欲的になり、広さ、高さなどの空間を制覇し、冒険心も育ち危ないマネにも挑戦します。一方、大きさを感じられないと、劣等感を抱くだけでなく、自分よりも弱い者をいじめて大きさを感

じようとする、非行のような無理な背伸びをするといった姿も見られます。

Ⓔ考える力をつけ大人と一線を画し始める学童期後半

「大人の求める大きさ」に向けて挑戦していた子も、大人と少し距離を取り始めます。考える力をつけることで、自分の考えや大人の考えを意識している自分に気づき、今まで通りには大人に甘えられない子どもも出てきます。第二次性徴の早期化が大人との関係を変化させます。大人との関係よりも仲間との関係が重要になり、仲間からどう見られるかにも気持ちが向き始めるため、学習面だけでなく、一人ひとりのかけがえのない「持ち味」「良さ」を発揮しうる機会が求められます。

Ⓕ自分の価値を模索する青年期

中学生から大学生までの時期が青年期ですが、この時期には、性的成熟を通して「今までとは違う自分」を強く感じる一方で、自分らしさや自分の向かう方向に関して迷い悩むことが増えます。自分の向かうべき道は、自分の立っている時代や環境を学ぶことで少し見えやすくなりますが、それだけでなく、仲間との関係の中での新たな挑戦によって具体化されていきます。自分の道が見つけにくいと不安に襲われますが、そうした不安は、青年の可能性を信じ見守り支える大人の存在を潜在的に求めています。

Ⓖ「役割」を取得し役割を生きる成人期

自分の道を、仕事や子育てなどの「役割」によって「見つけたつもりになる」のが成人期です。役割を果たすことが安定につながるため、過剰適応に陥る人も出てきます。本来は、仕事であれ、子育てであれ、役割を果たそうとしても自分一人では解決できない問題をはらんでいます。そうした時に問題の背景を分析し、周りの人とどうつながるのかを考えることが、大人として求められるのですが、問題に振り回されがちになることも多いものです。自分と周りの人々の問題を客観的に分析する力量をつけるためにも、自分の育ちを客観的に見つめることが課題となります。

Ⓗ人生の終え方を模索する高齢期

高齢期は多くのものを失う時期です。健康、家族や友人、退職による経済力と活動の喪失。

一方であり余る時間をゲットする時期でもあります。失うものだけではなく、時間を活かし新たな活動や関係を得る可能性を秘めた時期だと言えます。成人期に役割だけを生きていると、役割の喪失が生きがいの喪失につながってしまいます。親や自分の生きてきた人生を振り返り、仕事や地域生活で得た知恵を活かしつつ、自分を新たに活かす活動を見出し、人生をどのように終えていくのかを前向きに模索したいものです。

3

障害のある人の人生を考える

障害のある人の人生を考える上では、その発達の姿が、時代の制約、身体の制約、そして生活上の制約を受けていることを踏まえておく必要があります。身体上の制約は「機能障害」として、生活上の制約は「バリア：障壁」としてとらえられてきましたが、現在は、社会参加のための支援を保障することで、生活上の制約も身体上の制約も軽減できると考えられるようになってきています。しかし現実には様々な制約があることも事実です。

Ⓐ 時代の制約の中で

障害のある人の発達の姿を理解する上では、障害のある人が障害のない人よりも、時代の制約を大きく受けていることを踏まえておくことが必要です。障害の重い人の多くは1978年までは学校にも入れてもらえませんでした。1979年に義務教育年齢の15歳までだった人は、学校に短期間とはいえ通うことができたのですが、それ以上の年齢だった50代以上の方の中には学校に全く通えていない人もいるのです。幼稚園や保育所はもとより、障害のある幼児が施設に通うことを国が保障し始めたのは1974年からです。乳幼児期から青年期までを家庭内だけで暮らしていた中高年障害者の姿は、本来の発達の姿ではありません。選ぶ世界も活動も人間関係も「閉ざされて」きたのですから。これからでもよいので、主体性を発揮したくなる「意味を感じられる」新たな世界を保障しなくてはなりません。

親や関係者の地道な運動と取り組みによって、乳幼児期の通う場も、義務教育だけでなく後期中等教育も、そして高等教育も、障害のある人に開かれてきていますが、乳幼児期から青年期まで楽しく通う場が全国どこにでもあるかというと、まだ十分ではないのが日本の現実です。所得保障も、障害者が生きがいを感じうる仕事の保障も、ましてレクリエーションや生活の場を選択する権利の保障はまだまだです。これからもみんなの力で時代を前進させることで、障害のある人たちの発達の姿は、大きく変わっていきうるのです。ロマンですね。

Ⓑ 身体の制約の中で

日本でも「障害を克服し頑張る」障害者が目指された時代がありました。理学療法や作業療法が「訓練」と呼ばれた時代です。「訓練したら歩けるようになるから」と、6歳で親元を離れて入所施設に処遇された方たちがいた時代です。子ども時代に頑張って訓練しても歩けるようにならなかったことから、様々な療法に対して懐疑的な思いを語る成人障害者もおられます。

しかし私たちは自分の身体と付き合いながら生きていく存在です。身体のしんどさを軽減することは、生きていくことの面白さを広げることにつながります。呼吸を少しでも楽にできないか、触れられることが苦手な子どもにも身体に心地よさを感じてほしい、自分で坂を上ったり逆立ちすることが困難な子にも高さや空間を感じてほしい、と願う療育関係者も増えてきています。身体のしんどさを感じる機会を減らし、心地よさや楽しさ、この世界の面白さを感じられる機会を増やすために、医療の専門家とも協力していきたいものです。

ⓒ 生活の制約の中で

身体の制約は生活の質によって大きくも小さくもなります。身体の制約を小さくするためにも、社会的な支援が必要とされます。体温調節が苦手な子どもたちなのに、空調が利かない教室で学習するとしたら、身体の不快さゆえに学習に主体的になりにくくなります。嗅覚が過敏な子は、狭い空間にたくさんの人がいると耐えがたくなります。触覚が過敏な子が他の子との接触が強いられる靴箱のところで、肩が触れ合ったために思わず暴力的になることもあります。こうした環境の制約も生活の制約の一つです。子どものしんどさを軽減する環境の保障が求められます。

それ以上に、子どもたちは障害があるために様々な生活の制約を受けやすくなります。身体障害児が利用できるプールが少ない、呼吸器をつけているためにお出かけしにくいなどはわかりやすい制約ですよね。それだけではありません。多動なヒデ君のように、他の子と同じようにできないことによって、叱られたり無理にいすに座らされたりと、「理解してもらえない」体験を生活の中で積み重ねることも実は多いのです。

理解してもらえない体験を積むことで生み出される問題を「二次障害」と呼びます。この場合、保育者が悪いのではありません。1人で多動なヒデ君も含めた集団を運営しなくてはならない保育体制の厳しさが、保育者を追い込んでもいるのです。

発達を学ぶことは、自分らしい自分を築いていく営みを学ぶことであるとともに、その営みを支える生活の質を、そして生活の質を保障する社会的条件を学ぶことでもあるのです。

ところが、発達を学ぶことでかえってしんどくなる保育者もいます。発達課題を到達目標として考え、「なになにができるようにしなくては」と頑張り、子どもたちが求めた姿にならないと「自分の取り組みが悪い」と思うからです。でも、発達は「できるようになること」を増やすことではありませんよね。子どもがその子らしく自分を築いていっていることが大切なのですから、何よりも子どもが求めているのは、その時期の子どもらしく楽しく自由を広げている自分の姿を理解し、共感してくれる大人がいることです。「できなくなったり」「問題を出している」姿の中に、自分を築いていく営みを見つけて応援してくれる大人がいることです。**自分は受け止められている、自分はわかってもらえている、自分は愛されている、その実感が子どもの主体性を支えています。**

どの時期の子どもにも、ステキなチャレンジの姿と、迷ったり悩んだりしながらも新たな自分を求める健気さを見つけていくこと、それが子どもと取り組む者のよろこびではないでしょうか。子どもの姿に秘められたかわいさを見つけてみませんか。

講座2

乳児期の発達と「1歳半の節」

1 乳児期の発達において大切なこと

乳児期には首がすわる、寝返る、這うなど、運動発達がめざましいため、親の関心は姿勢や運動の発達に向きやすくなります。文字通り「這えば立て、立てば歩め、の親心」です。しかし、乳児期において最も大切なことは、子どもが大人を大好きになることです。大好きな大人の顔を見たいから首を持ちあげ、寝返ろうとし、這って近づこうとするのが乳児の姿です。一人で黙々と練習して、ある日突然大人をよろこばすという子どもはいません。

それでは、乳児期の子どもが大人を大好きになるということは、どういうことなのでしょうか。少し詳しく見てみましょう。

Ⓐ 大人を大好きになるための土台

人間の乳児は大人の世話なしには生きていけません。大人が抱きあげ乳首を乳児の口に持っていかなければ授乳すら不可能なのです。だから大人の存在は乳児にとって特別なものとなります。生きる上で不可欠だということはありながらも、1か月から2か月たつと、乳児は授乳のためだけでなく、大人が抱いてくれることに特別な要求をもつようになります。抱いていて下ろそうとすると泣いて不快を表すようになります。なぜでしょうか。

乳児は胎内ですでに多くの感覚を発達させています。胎児が見ることも聞くことも可能なことは今日有名になっていますが、それ以上に発達して生まれてくるのは自分の体に関する感覚（近感覚）です。空腹や痛みなどは感じなければ命にかかわるため、早く発達します。自分の関節の角度や力の入れ方、動きやスピードを感じる固有覚、触れたり触れられたことを感じる触覚、抱かれたことなど姿勢が変化したことを感じる前庭覚は近感覚です。まずはこの近感覚の働きが体の心地よさや不快さを生み出していきます。抱かれると眠るというのは、抱かれた感覚が心地よさを生み出しているからですよね。

大人が「心地よくしてあげたい」と願って抱いた時に、子どもが心地よい体を感じていると、**そこに共感が生まれ、親は子どもをかわいいと感じ、子どもは親の笑顔を体の心地よさと結びつけて大人を好きになっていきます。**一方、親が「心地よいだろう」と抱きあげたのに子どもが泣きわめくと、親は不安になり、その不安が子どもに伝わって互いの気持ちがずれていきます。

大人の「かわいい」という思いが子どもに伝わるような、体へのていねいな取り組みが必要な子どももいるのです。いきなり抱きあげられると前庭覚への刺激が大きすぎて不快に感じる子には、両手を軽く揺する、手をすり合わせるなど、小さい刺激から与えてウオーミングアップを図ることも必要になります。

⑬ 大人を大好きになることで育つもの

大人を大好きになると子どもは、大人の顔を見たいと首を持ちあげ、寝返ろうとし、座位をとろうとします。思うように動けないのに近づこうと這いもします。**新たな姿勢、新たな運動機能への挑戦は大人との関係の中で生まれます**。そして、新たな姿勢や運動が自由に行えるようになると、大人がいなくても運動機能を活用して世界を広げていきます。

大好きな大人が使うものもほしくなります。音が出る、揺れる、光る、転がる、出てくるなど、**大人が生み出す物の変化が面白くおもちゃで遊ぶようになります**。ゼロ歳の終わりには、大人の扱い方をマネしようとし始めますし、見えていたものが消えるなどイメージをくすぐるおもちゃが魅力的になります。

そして、大人との関係そのものを大きく発達させていきます。5か月ころには、大人が自分をよろこばそうとしてくれていることを感じて、くすぐりあそびでは、くすぐりの前に肩をすぼめて準備するようになり、大人の働きかけを期待していることが感じられるようになります。子どもの中に「楽しいこと」のイメージが生まれつつあることがわかります。6・7か月になると物と大人とを見比べる姿も見られ、大人が生み出す変化も、自分が生み出した変化も共有したいという気持ちがめばえていることがわかります。**3項関係の芽が出てきているのです**。この3項関係の芽は、その後イヤイヤ、バイバイなどの身振りの共有につながり、10か月ころには「チョーダイ」に手渡す、大人がしていることの先を予期するなど、大人の身振りや行動の意味を取り入れ始め「**やりとり」できるようになった（3項関係の成立）**と、感じさせてくれるようになるのです。

こうして、運動能力も物で遊ぶ力も大人との関係の中で発達するとともに、それらが大人との関係の中で結び合わされ、**意味ある世界として認識されていく**のが幼児期なのです。

2

「1歳半の節」
乳児から幼児へ

Ⓐ 1歳半の節を越えると何が変わるの？

1歳児クラスがお散歩に出かける時を思い出してください。1歳過ぎの歩き始めの子に「お散歩行くよ、クツ取って

2項関係から3項関係へ

来て」と言うと、「クック、クック、クック」とクツ箱までは行くのですが、クツを見つけるとそれでもう十分。クツを持ってトイレに入り込んだり、クツ箱のクツを全部出して遊んだり、目的がどこかに飛んでいってしまいます。一方、１歳後半になると、自分のクツを見つけてはこうとします。まだ１人ではくことはできないのに……。要は**１歳後半では目的をもって歩き、目的をもって物を扱うようになっているのです**。１歳前半では、大人のことばに「クツ」という思いはもつけれど、大人の意図と自分の意図をちゃんと関係づけられず、行動は起こしてもしめくくれないのですね。クツさえあればそれでよし。

給食風景で見てみると、保育者がほうれん草のおひたしを食べさせようとしたら「イヤー」とそっくり返るのが１歳前半。「それは違う」というように首を振り、「コッチ」と唐揚げを指さすのが１歳後半ということになります。大人の意図はわかるけれど、自分が食べたいものを選んで大人に伝えるわけですね。１歳前半児は、大人がおひたしを示すと「イヤだ」という思いはもつけれど、自分の思い（意図）を大人に示すのは難しいということです。

１歳前半までは、大人の意図を感じてイヤだと怒ったり、してみようとしたりはするけれど、さて本当は何がしたいのかという自分の意図は十分理解できていないのですね。それが１歳後半では、**大人の意図を自分の行動目的として取り入れる一方で、自分の意図と異なる場合は「チガウ」**

と自己を主張するようになるのです。目的のある行動をすること、選ぶ力をつけること、そして自分の思いを指さしや「イヤ」ということばで伝えようとすること、そうしたことが「1歳半の節を越えた姿」ということになるのですね。だから**「したいこと」をもち、それを相手に伝えようとする主体としての「自我」ができ始めた**と考えられるわけですね。

Ⓑ 1歳半の節を乗り越える力とは？

それでは1歳半の節を乗り越えるためには、どのような力が求められるのでしょうか。

1歳前半児は、何かというと大人におもちゃを見せに来るし、花や虫などを指さして教えてくれます。**見つけたものを大人と共感したい**のです。アンパンマンのおもちゃの音が鳴った、ぽっとん落としの穴に棒が落ちた、積木を1つ積んだ、そんな一つひとつについて大人の顔を見て確認していきます。ほめてほしいと、自分で拍手したりもします。自分から大人に気持ちを向けることで、物と自分の行為の間に「間」を作り、「鳴ったね」「入った」「高いね」という意味（大人の意図）を取り入れて、「音をもっと鳴らす」「全部入れる」「より高く積む」と、行動に方向性と「目的」を作り出していくのです。

大人が指し示した方向を見る「共同注意」が自閉症スペクトラム児の発見の手がかりとなる

のも、大人と子どもの間で物の変化や操作に関する共感が成立することが、その後のやりとりの発達にとって重要だからです。乳児期に発達してきた3項関係〈あなたと私が物に関して気持ちをやりとりする（共感）〉における、**操作対象としての物が、「目的（意図）に向けた操作対象」に変化していくためには、いったん相手に共感を求めて、物と自分の間に「間」を生み出し意味づけすることが必要とされる**のでしょうね。

でも「1歳半の節を越えたい」からと、子どもが大人にアプローチするわけではありません。大人に共感してもらうことがうれしくて楽しいから、子どもは主体的に共感を求めてくるのです。そんな子どものことが「かわいい」と感じられるゆとりが、本当は大切なのですよね。

Ⓒ「1歳半の節」を越えたというけれど

1歳半の節を越えた子どもは、大人の行動を取り入れて賢くなっていきますが、その賢さが大人との間に矛盾を引き起こすことも実はあるのです。大人のどの行動を取り入れるかは子どもの選択です。大人の意図した行動を取り入れてくれるのであれば、大人は困りません。ところが子どもは大人の意図よりも、大人の醸し出す雰囲気に惹かれることが多く、大人が夢中で取り組んでいることを取り入れようとします。共感というキーワードからすれば当然のこと。お父さんが夢中でたたくキーボードがたたきたい、お母さんが動かすスマホの画面が見たいし動かしたい、だから困るのです。

大人の意図を取り入れて指示に応えてくれるかというと、これまた簡単ではありません。食事も「ちゃんと食べなさい」と言うと「イヤ」と歯向かうことも多く、親は腹が立ちます。1歳後半では「共感」のキーワードが大きく働いています。親がムキになると、子どももムキになりやすいのです。そうした時は親子の間に「間」を作るために「お父さんに食べさせてあげて」などの工夫も必要になります。親にゆとりがないと難しいですが……。「イヤイヤザウルス」と呼ばれる幼児期前半期の発達は講座**3**であらためて検討しましょう。

3

障害があると何がしんどいのか?

Ⓐ 共感が成立しにくい身体のしんどさ

自分から大人に共感を求めにくく、行動に区切りをつけることが困難な子どもの場合には、親の膝に乗せて取り組む「親子あそび」は苦手な一方で、いわゆる「常同行動」が多く見られることになります。砂をすくいこぼす、水を跳ね飛ばす、紐を振るといった場合はまだしも、走り回る、くるくる回転する、頭を床に打ち付けているなどの身体感覚に基づく行動は、大人も共感しにくくなります。

物であれば、子どもがしている砂すくいを砂あそびに、水の跳ね飛ばしはホースを使ったダイナミックな跳ね飛ばしに、紐振りを「新体操ごっこ」にと楽しく演出することも可能ですが、身体感覚にとらわれた姿は一般的には共感しにくいものです。私であれば、走り回る姿は一緒に走って「鬼ごっこ」に、回転は「扇風機ごっこ」に、そして頭突きはトランポリンでの飛び跳ねにと工夫しますが、多くの方は「なぜそうしたことをするのか」がわからないとあそびには演出しにくいですよね。

障害がある子どもの中には、**気持ちのよい身体感覚がしっかりと開発されていない**ことも多いのです。過敏さがあるために、抱き、マッサージ、揺れなどの働きかけが、不快さを生んでいることもあります。腹這いが嫌いな子の中には腹面の触覚に過敏さが見られることがあります。そもそも共感とは「同じように感じている」から成立するものです。親子がともに気持ちがよい、楽しいと感じられるような身体感覚の共有が困難だった子どもたちは、「親子あそび」ではなく、自分だけで生み出せる身体感覚に巻き込まれることになります。**乳児期の取り組みの大切さがそこにあります。**初めて乳児と対面する親にとっては、何が子どもの不快さを生み出しているかを理解することは困難です。体が硬い、柔らかすぎるといったことも、親にはわかりません。子どもの抱き方一つとってみても、親子が共同で心地よさを探し出さねばなりません。急に抱きあげられることで不安を感じる子もいます。両手を軽く揺すってやさしく声をかけ、ウオーミングアップしてから抱きあげるていねいさも必要になります。くすぐりあそびやわらべ歌はそうした要素に満ちています。安心して腹這いができるように、親のお腹の上で腹這いを練習することも必要でしょう。そして睡眠不足の親が少し楽をするためには、乳児がよろこぶおもちゃも必須です。長年の乳児保育の成果を、家庭で子育てする親たちの共有財産にしてほしいものです。

子どもたちが楽しく日々を過ごしていくためには、心地よい身体感覚を開発し、共感を成立させ、大人とともに楽しむ活動を広げていくことが必要になります。触覚、揺れ（前庭覚）、筋緊張といったその子特有の身体感覚を尊重しつつ、好きな活動を生み出していきましょう。そのためにも、ていねいな身体への取り組みと、子どものあそびを楽しむための「ステキなあそびの名前」を工夫しましょう。大人が楽しめなければ、子どもに楽しさは伝わりません。子どもの身体感覚を尊重しなければ、共感は生み出されません。ていねいな身体への取り組みは理学療法や作業療法から学ぶものも多いのですが、「楽しさ」の演出はあなたの仕事です。明日からあなたも「あそびの達人」に。

B 自他の間に「間」を作れず感情に巻き込まれる

1歳半の節を乗り越えるということは、**大人に共感を求めることで行動や操作に区切りをつけ、大人の意図を受け止め自分の意図を明確にしていくこと**だと説明しました。共感を求める力が弱いと、行動にも操作にも「間」を作りにくくなります。そのため片づけるのは「イヤだー」、おもちゃを渡すのは「イヤだー」と、駄々をこねる、部屋を飛び出す、相手をたたく、噛みつくといった姿が頻発し、親を悩ませることになります。変化に敏感な子では、片づけが始まったことによる雰囲気の変化は感じるものの、その意味がわからず不安が拡大し、感情が爆発することもあります。対応に苦慮する親が増える背景には、泣いても抱けば何とかなった乳児期とは異なり、歩けるようになったことで行動のコントロールがより難しくなるということがあります。「目を見て語りかけてあげなさい」と言われても、逃げようともがいたり、噛みつかれたりすると、親としてはつらいですよね。言い聞かせても言い聞かせても、子どもの癇癪はかえってひどくなったりします。親のことばが耳に入るだけの「間」がとれず、拘束されている不快感の方が体を支配するからです。「わかってもらえなさ」を積み上げていくことにもなります。

まずは「わかってもらえる」実感を保障したいものです。「イヤだったね」「ごめんね」と子どもの気持ちを代弁することも、わかってあげられなくてごめんなさいという大人の気持ちも言語化し、大人のことばを不快ではなく受け止める基礎を形成したいものです。親にはその心のゆとりがもちにくいから、専門家である保育者の出番になるのです。

「言い聞かせてわからせる」という前に大切なことは、**行動や操作に「間」を作ること**です。「間」を作りやすい道具や教材を活用して活動を工夫してください。この時期、土や水、紙や布などの「変化する素材」がよいと言われるのは、道具を入れることや仲間が参加することで「間」を作りやすいからです。築山の上から泥団子を転がすとコロコロ転がって下でつぶれるなどの変化が生まれます。「アレッ」と子どもの気持ちが変化し、「間」が生まれます。水もホースやバケツを使うことで変化が生まれます。新聞紙を破り撒き散らし体にかけ合う活動も、布で風を起こす活動も、**体の感覚の変化とともに仲間とともに参加することで、さらに変化が生まれ「もっと」という思いを生み出し、たくさんの「間」を作り出します。**

もちろん環境設定の仕方で、様々な教材が力を発揮してくれます。コンビカーで斜面を下るなどという活動でも、滑って下りて壁にぶつかれば「到着！」。気持ちに区切りができやすくなります。ミニカーを壁に向かって走らせても、壁にぶつかれば「ストップ」。そこに「間」ができます。なぐり描きもシール貼りも、目に見える変化に気づけば「間」ができます。

子どもが関心をもつ教材や道具を用いて「楽しい活動」を増やし、「仲間がいるともっと楽しい」と感じると、子どもの行動に「目的」が成立しやすくなります。仲間の存在は、おもちゃの取り合いなど、不快さを広げることもある一方で、楽しさを盛り上げ、そこここに「間」を生み出す可能性も秘めています。だから私たちは子どもに集団活動を保障するのです。

楽しい活動を体験すると子どもたちは、「楽しさ」を生み出す存在として大人に気持ちを向け、大人のことばに気持ちを向けるようになっていきます。そうなってくると、片づけも「おはようするから片づけよう」と、「おはよう」に向けた目的のある行動として取り組めるようになります。もちろん、「おはよう」という活動自体が子どもにとって「魅力的」でなくてはいけませんが。

子どもたちが楽しく暮らせる日課と活動について、みんなで話し合ってみてください。

参考文献

近藤直子『続　発達の芽をみつめて—かけがえのない「心のストーリー」』全障研出版部
近藤直子『1歳児のこころ—大人との関係の中で育つ自我』ひとなる書房
林万リ監修『やさしく学ぶ　からだの発達』全障研出版部
林万リ監修『やさしく学ぶ　からだの発達　パート2—運動発達と食べる・遊ぶ』全障研出版部

講座３

２歳から３歳の自我の発達

幼児期前半期の発達

1

１歳から2歳へ

１歳から２歳の間の最も大きな変化は、**大人の行動の取り入れの水準の変化**です。

大人のしていることを取り入れる１・２歳児ですが、**「すぐにマネをする」のが1歳児**で、**「思い出してする」のが2歳児**です。心理学用語でいうと、「即時模倣から延滞模倣へ」ということになります。

母親が、両手がふさがっているからとアシで戸を閉めると、すぐにそれをマネするのが1歳児です。とはいえ、子どもは自分のアンテナにかかって気持ちを動かされたことをマネるので、マネしてほしいことではなく、マネしてほしくはないことをマネすることが多く、そのためトラブルになるのです。「子どもは言ったようにはしないけれど、したようにする」と言われる所以です。子どもにしてほしいことはしてみせる必要もあるということですね。パソコンのキーボードをたたきたがる子どもにブロックを渡して「これで遊びなさい」と言っても、親がキーボードをたたき続けていれば、やっぱりキーボードをたたきたいのがこの時期の子どもです。大人がブロックで楽しそうに遊ぶと、しばらく見ていて子どももし始めることも多いのです。

年上のきょうだいやクラスの仲間が使うおもちゃをほしがるのも、きょうだいや仲間がしていることが楽しそうだからで、そのためにおもちゃの取り合いも起きてしまいます。待つことは難しく、すぐに使いたいのですよね。きょうだいや仲間が別のおもちゃで遊びだすと、今度はそれが光り輝いて見え、また取り合いになるのです。こうしたトラブルを繰り返しながら、子どもは自分の好きなあそびを次第に作り出していきます。

2歳児はどうでしょうか。

2歳児は目の前にあるものそのもので遊ぶだけでなく、**ものを手がかりとして楽しかったこと、好きなことを思い出して遊ぶようになります。**ビニールブロックがあると、上に乗るだけでなく、遠足のバスを思い出して「ブーブー」と体を揺すり始めます。その姿を見て仲間もブロックにまたがり「ブーブー」と呼応し始めます。保育者が「大型バス」や「動物園」の歌を歌いだすと、数人でイメージを共有して楽しめるので、保育者も楽しくなります。前にあった楽しいことを思い起こすようになった分、子どもの世界が「いまの現実」よりも広がり、あそびも行動も豊かになるのです。

ものを手がかりにしてイメージを思い出すことを**「表象活動」**というのですが、自分が思い浮かべたことと違うことを大人がさせようとすると、「チガウ!」と反抗する姿も目立つようになります。またイメージを思い浮かべにくい場面では、子どもは何をしてよいか戸惑ってしまいます。散歩も「お池に行ってお魚さんにパンをあげよう」と、各自にパンの耳が入った袋を持たせていると、「パン、パン」「パン、トット」とパンを手がかりにして歩き続けますが、ただ「散歩」というだけでは目的をもち続けにくく、座り込んでしまったり、どこへ行こうかなとふらふらしてしまいます。だから道行きの途中に「犬のジローは起きてるかな?」と具体的な目的を喚起したり、電信柱の陰から「もういいかい?」とかくれんぼを演出して、やりとりを楽しむことが必要になります。

目的は明確ではないけれど、子どもが見つけたものを楽しんでイメージの種をまこうと、アリやドングリ、マンホールの穴、木切れなどをじっくり観察し、いじくって楽しむ「ブラブラ散歩」も、自動車の心配の少ない場所では楽しいものです。

表象世界が本格化する時期が2歳児の時期ということになります。そして表象世界の豊かさをもとに、賢さ、言語力、生活力も、そしてあそびを継続する力もつけていくことで、3歳を過ぎれば、自分一人でも身の回りのことやあそびを楽しめ、**3歳では「できる自分」を自覚し、自信にあふれた3歳児になるのです。**

2歳児から3歳児のこころの世界をもう少し詳しく見てみましょう。

2 「ちがい」のわかる2歳児たち

Ⓐ 粘り強さ

1歳半の節を越えて「したいこと」をもち始めた子どもたちは、**目的をもったが故に**粘り強くなります。積木も高く積み上げようと、崩れてもまた積み上げ、積木の角を合わせるなどの工夫もし始め「タカーイ」と目的達成をよろこびます。2歳代では、「ツインタワー」というように作品を命名し、さらにそのイメージに向けて積木を積み上げ並べていきます。作品は高さだけでなく、並列、水平方向への伸長、縦横の組み合わせ、そして3歳児では奥行きまでと次第に大型化していき、4歳代では保育室の空間を制覇しようとする造形作家も出現します。

Ⓑ 違いがわかり賢くなる

1歳半の節を越えると、子どもの認知力はぐんと高まります。目的を実現するために物事をよく観察するようになります。**細かい違いにも気づく**ようになります。なんでも「ワンワン」だった乳児期とは異なり、犬は「ワンワン」、猫は「ニャーニャ」、ゾウは「ゾータン」と区別するのも、その違いに気づいているからです。関心さえあれば、自動車や特急のエンブレムの区別、タンクローリーとゴミ収集車の違いも、しょうゆとコショウのビンの違いも2歳後半にはついてきます。だから2歳代にはことばが急増し約600語も話すようになるのです。

違いがわかるようになることは、同じ名前のものの「属性の違い」にも気づくということです。色や形の違いに気づき、赤、青、最近ではレッド、ブルー、四角、三角、丸などの区別がつきます。

3歳児になれば台形のような形はもとより、動物、虫や花などの種類の違いを名前とセットで理解します。文字やカレンダーの数字に関心をもつ子が出てもおかしくはないのです。属性にはそれ以外に味や香り、暑い・寒い、熱い・ぬるい・冷たいといった感覚に関わるもの、かわいい・きれい・気持ち悪いといったより主観的なものも入ってきます。感覚は個人に特有のものですが、「かわいさ」などは大人の意味づけによって変わるだけに、文化の影響を受けるものだということを踏まえておく必要があります。

また物と物を**関係づける**ようにもなります。大小、長短、軽重、高低、前後など、実際に作業を通して確かめられる関係づけを中心に3歳代までに理解していきます。3歳児で1000語を習得する背景にはこうした認知力の発達があるのです。

違いがわかるということは、賢くなることでもあるとともに、しんどさをも生み出します。ちょっとした**環境の変化に気づいて不安になる**、遠くでする音に気づくけれどそれが何かわからず不安になるといった姿も見られます。「違い」は大人のことばによって意味づけられ「知識」となることで賢さになるものです。違いに気づいて不安を感じている子どもの気持ちを受け止め、子どもが安心できる意味づけをする必要があります。こうした不安を人一倍感じやすい子どもがいることも事実です。担任の髪型やしていたエプロンが変わったことで担任として認識しにくくなるなど、大人からしたら「なんでわからないの？」と思うようなことも実際には生じます。髪型は違っても「いつもの先生とイッショだよね」と感じられる「楽しい」体験の共有が求められるのでしょうね。

3 ことばが急増する2・3歳児

Ⓐ ことばの覚え始め

親がこの時期最も**不安を感じる発達上の遅れはことばの遅れ**です。１歳代はことばが少なくても「２歳過ぎれば……」と思えるのですが、２歳を過ぎてもことばが出てこないと多くの親は心配します。それは周りの２歳児が急激におしゃべりになるからです。

かといって教えればしゃべるようになるわけでもありません。発語のためには、音声の豊かさ、大人のことばへの関心、大人とやりとりしたいという共感性、そして**2**で説明した賢さなどが必要とされるからです。音声は、乳児期からの声の楽しいやりとり、食事やあそびを通した口や舌の使いこなしがあって豊かになります。通常1歳代に、子どもは自分の思いに共感する大人のことばに耳を傾け、取り入れやすい音をマネしていきます。だから子どもの動作や気持ちに合わせた、発音しやすい「ポン（ボールを投げる時）」「ヤッター」「カッコイー」「カンパーイ」などをマネします。また発音しやすい「ア」の音が語頭にあり、自分が好きなものの方がマネしやすく、「アンパンマン」「ワンワン」「バス」などを比較的早く習得します。

Ⓑ ことばが急増する2歳児

2歳代になると、ことばをマネするということから、**「物には名前がある」という認識に裏付けられたことばの習得**へとレベルアップします。散歩先で見つけたものを「コレハ？」と尋ね「ヒコーキ」「セミのヌケガラ」などと確認し、自分のものにしていきます。自らの「知りたい」要求に根ざしているだけに、目覚ましく単語数が増え、600語にも膨らんでいくのです。賢さとあいまって、名詞だけでなく「キレイネェ」「オオキイネェ」などの形容詞や、関係を問う「ドーシテ？」などの疑問詞も出てきます。**ことばで思いが伝わる**ことを実感すると、「ナオちゃんの！」「お散歩がイイ」と自己主張するだけでなく、仲間の思いを「チーちゃんが『エーン、エーン』って」と代弁し伝えるようにもなります。

2歳児はことばの力がグンと伸びるだけに、親からしたら楽しい「かわいいことば」を残してくれる時期でもあります。

お母さんが疲れて横になっていたら
「ママが床に落ちてる!」

(『天使のひと言　ホロリ、ドキリ、クスリ…はっとしたわが子のつぶやき』全労済編、祥伝社、2000、210頁)

遠足のおにぎり全体を海苔でくるんだら
「おにぎり、夜になっちゃったー」
朝出がけに曇っていたら「なんできょうはお日様出てないの?」と尋ねるので
母が「なんでだと思う?」と聞くと
「遅番だと思うぅ」

いずれも我が家の息子のことば

限られた語彙《ごい》の中から自分の感性や体験に色づいたことばを選んで思いを表す2歳児。この時期しか言えない「天使のひとこと」を親とともに記録に残していきたいものです。

それだけにことばの遅い子どもの親は焦りが一層大きくなります。**大切なことは、語彙がどれだけあるかよりも、思いをやりとりする関係が豊かにあるかということです。**乳児期から大人と子どもの間に形成されてきた、共感関係に基づく3項関係の育ちがことばを生み出していくからです。やりとりは楽しさを共有することから始まります。子どもが楽しいと感じられるあそび、子どもの関心や発見に共感する大人、新たな楽しさや発見を可能にする環境、それらを総合的に保障していきたいものです。

ⓒ 文章表現が中心となる3歳児

ことばを使うことが楽しい2歳児は、ままごとなどのやりとりの中で「セリフ」を使いこなすようになり、あそびが継続し仲間とのやりとりも増えてくる3歳児では、「おかあさんだから、赤ちゃんをダッコするの」「3歳だもん、一人で着れるよ」「あした、またあそぼうね」「みんなでお団子つくったもんね」などと、自分の思いを表す文章表現が豊かになってきます。単語数も1000語を数えるようになり、名詞、動詞、形容詞、疑問詞、副詞、助詞、助動詞等と日本語の品詞が出そろうため、「**第一言語完成期**」と呼ばれたりもします。

それでは3歳児は大人と同じような意味でことばを使っているかというと、そうではありません。「アキちゃんのおばちゃん」と私を呼ぶタツ君に「チガウ、アキちゃんのお母ちゃんだ」と言い張るように、自分の発見や思いという、主観性に裏付けられたことばの習得であるが故に、**意味理解は「自分にとっての意味」という主観的なものになっています。**客観的な意味理解は幼児期後半期の課題ということになります。

4 あそびを中心とした表象世界の充実

Ⓐ 世界の広がりが生み出す表象世界の豊かさ

歩き始めることで、子どもは世界と出会い直します。自分のアシで歩き、出会ったものに自ら働きかけ、大人に共感を求めます。木も草も花も、犬も虫も魚も、自動車も汽車も飛行機も、発見し指さし名付けていきます。**世界を感じ分け、こころを動かされたものをイメージとして蓄え、そして思い起こすようになっていきます。**イメージ世界をくすぐる、見えそうで見えない世界も発見します。カーテンや電信柱のかげ、押入れや段ボールハウス、ブロック塀やマンホールの穴、自分が隠れることも、そしてものを差し入れて「見えなくなる＝隠す」ことも楽しみます。

見えなくなったと思ったら出てくる「型はめ」もボールを入れると回転して出てくるおもちゃも、イメージの世界をくすぐり楽しめます。もちろん、親がしているようにするママゴトも、携帯電話かけも、イメージを楽しんでいるあそびです。

Ⓑ 表象活動の充実

2歳児ではイメージを楽しむ活動が中心となりますが、イメージを楽しむためにはイメージを思い起こす手がかりと、共感しイメージをともに楽しむ大人が不可欠です。リズムも体操も「ウサギ」「ゾウ」「キリン」「カメ」といった、知っている「思い浮かべやすい動物」をイメージできると楽しめます。手あそびもそうですね。「アンパンマン」「バイキンマン」「チョウチョ」「カニ」など知っているもので、かつ両手の動きが同一で、見てわかるものを楽しみます。歌も動きもわかりやすくないと楽しめません。

描画は1歳代では殴り書きが中心ですし、2歳代でぐるぐる丸が描けてもまだ形のある絵はなかなか難しいのですが、それでも「アンパンマン」「自動車」などと本人は**イメージと結びつけて**いきます。3歳ころには自分が描ける丸にイメージを込めて、「先生とアキちゃんとプールに入っているの」と説明したりします。造形も「タカーイ」という大人のことばの反復から脱して、「タワー」「動物園」「保育園」などとイメージのはねを広げていきます。

大人が共感し命名したイメージを次第に自分なりのイメージへと発展させていくのです。とはいえ、自分のイメージを何で表現するかは子どもによって違います。結果が見えやすい描画や造形がよいという子もいれば、体の動きで表現するのが楽しいという子もいます。この時期は「すべての表現手段ができなくては」というのではなく、**その子なりの表現を大切に、大人が共感し発展させたいものです。**

2歳から3歳の時期は**「みたて」から「つもり」へ**とイメージ世界が発展する時期でもあります。2歳前半の息子の暁夫はボールペンなど先の尖ったものを見つけると、必ず「チュウシャ」を思い出し、私の腕に刺しに来て「チュウシャ、イタイ?」と尋ね、私が「痛い」というと、満足していました。ちょうど1歳の終わりから2歳過ぎに予防注射を何度か打ち直したこともあり、彼にとってはこころに残る体験だったのでしょう。こころに残った体験は、ボールペンという具体的な手がかりがあることで、注射としてイメージされ「ボールペンを注射器に**みたてた**」あそびが展開されるのです。しかし、2歳前半ではまだ注射という**エピソード**が思い起こされるだけなので、あそびはすぐに次のあそびに取って代わられることになります。

それが2歳後半になると、ボールペンを見つけると注射にみたてた上で、ティッシュペーパーをまるめて私の腕をふき、その後ボールペンで注射して、さらにティッシュを腕に当てて「もまないでください」「しばらく静かにしていてください」とエピソードがいくつも展開するのです。「腕を脱脂綿でふく」→「注射を打つ」→「注射のあとを脱脂綿でおさえる」→「しばらく静かに座って待つ」と4つのエピソードがつながることで、暁夫は医者の、私は患者の役をこなすことになります。ものを手がかりとしてエピソードを思い起こし、大人がエピソードに付き合いやりとりすることで、**エピソードがつながり「お医者さん」ストーリーが成立し、お医者さんの「つもり」になって遊ぶようになる**のです。イメージを思い起こす力は、絵本を楽しむ、絵や造形を楽しむ力へとつながっていくとともに、イメージが膨らみすぎて、「影がお化けみたい」と怖がる、節分の鬼をひどく怖がるといった3歳児らしい姿ともなっていきます。

3歳を過ぎれば、こうしたストーリーは、楽しいあそびの上だけでなく、**生活を見通す力**として、「ご飯を食べたら歯を磨く」「手を洗ってタオルでふいたら食卓に着く」というように、自分で生活を進める力へと発展します。「自分でできる」という自信にあふれる姿が目立ち始めます。**見通し**という時間軸の成立によって、「昨日」「今日」「明日」ということばが用いられるようにもなります。

生活に見通しがもてるということは、自分が思っていたのとは異なるストーリーが展開すると、「エッ、なんで?」という怒りも出てくることを意味します。自分の作ってきたストーリーを勝手に変える大人や仲間に腹が立つのです。「6時にお母さんが迎えに行くよ」と朝、告げてあったにもかかわらず、夕方のお迎えに間に合わず、お隣のおじいちゃんにお迎えに行ってもらったら「おじいちゃんじゃない!」と暁夫は保育園の柱にしがみついて嫌がったそうです。悪いのは母である私です。お迎えはお母さんのはずなのに、勝手にストーリーが書き換えられることは理不尽だ、と許せなかったようです。こうしたストーリー通りにいく「はず」という「**はずの世界**」が3歳半ばまでのこころの世界でもあるのです。

5

幼児期前半の自我の発達

「1歳半の節」を越えた子は「イヤ」を連発するようになり、「イヤイヤザウルス」と呼ばれたりしますが、同じように「イヤ」と言ってはいても、その中身は変化していきます。大人や大きい子がしていることの中で「コレ」と感じたことをすぐ取り入れる1歳代の子どもは、したいことをしていられれば楽しく過ごしますが、その継続時間は長くはありません。また次の「したいこと」を求めて周りを見渡し、大人や年長児がしていることに惹かれて行動を切り替えていきます。だから親はなるべく集中してくれやすい、DVDなどに頼ることになるのですね。

そして「コレ」と思っていないことを大人がさせようとすると「**イヤ、コッチ**」と反抗します。「ご飯よ」と呼ぶと「イヤ」、「トイレに行こう」に「イヤ」、「パンツはこう」と誘っても「イヤ」。生活に関わることは「イヤ」と拒否されやすく、親はイライラします。**生活行為はあそびではないため、子どもが「してみたい」と思うためには工夫がいる**ということでしょう。大人がテーブルふきなどの簡単なお手伝いを頼む、「お風呂に入るからおトイレ行こう」とお父さんと一緒にトイレに行く、「パンツのトンネルをアンヨの汽車が入るよ」など、「してみようか」と思える演出が必要なのですね。でもそんなことを、ゆとりをもってすることのできる親は限られていますよね。保育園のような集団場面でも、生活の区切りでトラブルが発生するのは、子どもたちが「したい」と思えることがあまりないからです。そのため生活行為は、見通しがもてている少し年長の子がしたことを、マネして取り入れていく方が簡単ですし、トラブルも回避しやすくなります。

1歳代には、「したいこと」をもつ自分を意識し、「○○シタ」自分を**他ならぬ名前をもつ自分として意識し**、集団場面で自分の名前が呼ばれると自分の名前だけに手を上げるようになります。鏡に映った自分の姿を自分だと認識することもできてくると、持ち物に関しても、座る場所などに関しても「直チャンノ」と意識し、「こころの居場所」を求めるようになります。物や場所の取り合いが始まる所以です。

2歳を過ぎてくると、目の前のことを「する」だけでなく、思い浮かんだ**イメージをもとに行動する**のですが、イメージ世界はまだまだ不安定です。エピソードを思い浮かべて遊んでいても、**次のエピソードを思い浮かべるのには手がかりが必要になります。**そのため、大人や仲間がエピソードに共感してくれていると楽しいのですが、手がかりがもてないと不安になってきます。指をしゃぶったり、ボーっとする姿も出てしまいます。だから仲間がいて、ともに楽しく遊んでいる場面の方がイメージを思い起こしやすく、仲間同士で動きのマネっこが伝染していきます。ビニールブロックに一列に並んで乗り、「大型バスに乗ってます」と遠足に行くシーンが展開されるのも、お互いのイメージが伝染し溶け込むからです。

この時期はオウム返しもよく見られ、「アキ、ごめんな」とおもちゃを投げた仲間のことばをそのまま取り入れて、ブロックを投げる時に「アキ、ごめんな」と言うなどの姿が見られます。オウム返しは自閉症スペクトラム児だけのものではありません。人形相手に「どうぞ」「ありがとう」と一人二役で遊ぶのも、他者がしていたことを思い浮かべ行動を生み出していくためです。仲間に対して「カシて」「イイよ」と譲る姿も出てきて、泣いている仲間をなぐさめるやさしさも見え始めます。仲間と一体感を感じるようになってきているのですね。

このように、**自分から見える世界に素直に溶け込む「相互模倣」**がさかんな時期です。保育者が楽しく動き相互模倣を作り出すと、楽しく参加する子どもが増え、雰囲気が盛り上がっていきます。イメージを思い起こしやすい「エビカニたいそう」のハサミのような手がかりグッズがあると、子どもはより盛り上がります。

一方、大人と子どもが1対1で対応する際には、1歳児とは違ったややこしさも出てきます。

自分のイメージを行動に移したい2歳児は、大人が勝手に自分のイメージに溶け込んでくることを拒否するようになります。イメージがまだ不安定であるが故に、大人に侵食され溶け込まれそうだと感じると、自分のイメージを強く打ち出さざるを得なくなるのです。大人から独立した自分を作るほどはイメージがしっかりとしていないけれど、「自分を確立したい」とこころの奥で願っているから、自分の立ち位置をどうしても保持したいと踏ん張るのです。いわば「反抗のための反抗」です。

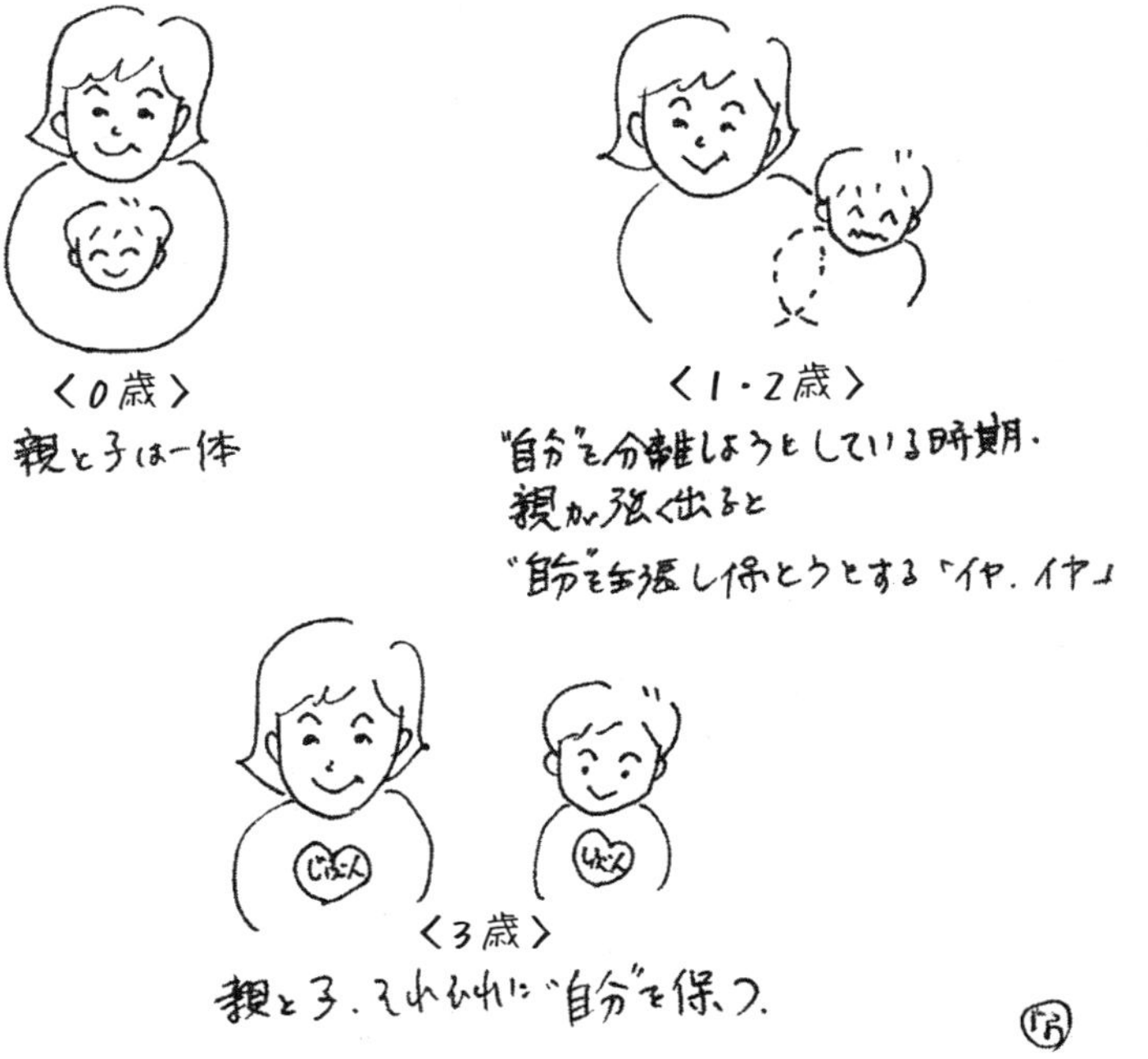
〈0歳〉
親と子は一体
〈1・2歳〉
"自分"を分離しようとしている時期。
親が強く出ると
"自分"を主張し保とうとする「イヤ、イヤ」
じぶん
じぶん
〈3歳〉
親と子、それぞれに"自分"を保つ。

2・3歳の自我

あそびでも、誘われるよりも自分から参加することを求めています。面白そうだと感じれば意欲的に参加します。一方、生活行為では1歳児よりもトラブルが増えてきたりします。寒い日にコートを着せたのに脱ぎ捨ててしまった、晴れた日に長靴をはくので運動靴に替えさせようとしたら、「イヤだー、裸足で行く」とごねたりもします。私も、卵焼きを食べようとしないので、「お母さんがいっしょうけんめい作ったのよ」と食べさせようとしたら、「食べなーい」と床に捨ててしまった息子に腹を立て、「そんなら食べんでいい」とテラスに放り出したお母ちゃんです。**生活行為においては大人が主導し、子どもの行動を支配しようとする圧力が高まるため、大人に侵食されたくない思いが前面に出てしまうのです。**子どもが「したくなる」ような選択肢の用意が大切だと言われます。そうそうは準備できませんが、大人と子どもの直接対決を避ける上では第三者の存在が生きてきます。食事場面もきょうだいやぬいぐるみの存在があることで対決姿勢は和らぎます。歯磨きも「しなさい」と言われるよりは「お父さんと一緒にしてね」と母親に頼まれた方が緊張は緩和されます。大人との間に「意図の駆け引き」が行われるため、「〇〇しなさい」と言われると「イヤ」と反抗する一方「〇〇するのは誰かな」と問いかけを変えると「ハイ」と手を上げるなど、相手の出方で行動が変わったりする時期です。家庭にいる時よりも、仲間がいる場面での方が素直に見えるのは、親には甘えがあることとともに、仲間がいることでイメージを侵食してくる緊張感が薄まるからです。「自分がするんだ」と感じられる演出を、ということでしょうね。

えらそうに反抗するので腹も立ちますが、自分が選んだ行為に関しては「ミテテ」と見守りを求め、「できたね」と承認してもらえることがうれしい時期です。一人では頑張れないし大人に見守られていたいけれど、**子どものイメージを尊重した見守り**を求めているのでしょう。

2歳代には名前はもちろん、写真に写った自分も仲間たちも認識できてきます。「ナオちゃん2歳」「ナオちゃん女の子」などと、**大人が自分を特徴づけたレッテル**で説明します。3歳が近づくにつれ「ナオちゃん、パンツはけるもんね」などと、自分の「できること」を自慢するようになってきます。自己の感じ方も変化するということでしょう。

3歳児では、エピソードがつながりストーリーが成立します。生活面では「手を洗ってからご飯を食べる私」「ご飯を食べて歯を磨く私」というストーリーができるため、親がうるさく言わなくてもある程度のことはできてきます。あそびでも生活面でも、自分のストーリーを実現することで、「ヤッター」「デキター」と自分が大きくなったと感じ始めます。「階段上れるから、今度は階段飛び降りてみよう」と新たな挑戦も始めます。大人がしていること、大きな子がしていること、してみてできるようになったという自信が、「デキルもんね」ということばにあふれてきます。できることが増えてくると、ついつい大人は高望みをしがちです。

でも**「できる」を意識することは「できない」を意識すること**。「できるもんね」と大きなことを言っていたそばから「できないもん」と情けないことばが漏れてきたりもします。うまくできそうもない時、ストーリーを思い起こせない時、「やってー」「赤ちゃんだもん」などのことばも出てきます。でもまだ生まれてから3年余りしかたっていないのですから、できなくても当たり前。「できないかも」と不安になっても当たり前。自分で挑戦しようと思えるまで待ってあげることも必要です。できていたことをしなくなる「赤ちゃん返り」も見られる時期です。子どもの好きなこと、自信をもってできることを大切にして、見守りましょう。4歳近くなれば、仲間の中で新たな挑戦が始まるのですから。

「できるかな」と揺れている時に、「なぜできないの」という親の圧力を感じると、子どもの中には恥の感情を抱く子や、軽い吃音が出る子もいます。就園を控えて、排泄のしつけや着替えなど、しっかりさせようとプレッシャーをかける親もいますが、集団生活の中で仲間を見て行動を起こすようになるのですから焦る必要はありません。

この時期の反抗は、**自分のストーリーを理解しないことへの抗議**としての反抗です。「大きくなったのだから立ったまま外を見たい」のに「座れ」と言われるから「座らない」と床に寝そべってしまうという反抗です。ファミレスに行けば必ずおもちゃを買ってもらえるはずなのに、

「今日は買わない」と叱られたから「帰らない」と泣きわめくという反抗です。2歳児とは違って、子どもが「イヤだ」と言う時に「どうして?」と尋ねると、自分のストーリーを説明してくれるのですが、大人が一方的に否定するため、「したかったのにー」と反抗するのです。子どもは日々の生活の中で「こうなるはず」というストーリーをもっています。いつもとは異なる手順が発生する時は、あらかじめ大人が子どもにストーリーの変更を申し出る必要があるのです。子どもは**自分のシナリオの主演俳優**です。監督が勝手にシナリオを変えたら怒って当然です。主演俳優だからこそ、「できるかな」と演技が不安にもなるのです。そう考えると健気に見えてきますよね。「できる自分」を子どもは「私」「ボク」「俺」と、主演俳優らしく呼ぶようにもなっていきます。子どもがステキなシナリオを書くことができるように、監督は大きな眼差しで見守ってください。

6 障害によるしんどさと取り組みの視点

幼児期前半は、こだわりやパニックなど、親を悩ませる「問題」が出やすい時期です。変化に気づくために、過敏な子は不安で、中には外に出られなくなる子もいるくらいです。**自分に何かさせようとしているという圧力にも敏感なために、育てにくさが拡大します。**こうした育てにくさが拡大する前に療育の場に通うことができるとよいのですが、18か月児健診が医療機関委託になっている自治体では、保健師と出会う機会が少ないために、療育につながることが遅れがちです。

Ⓐ「ちがいはわかるが共感性が弱い」ことが生み出すこだわり

認知の力が高まるこの時期、細かい「違い」に気がつくようになり、汽車や自動車のエンブレムや文字・数字の形に気づく子が出てきます。多くの子どもは認知の上での「違い」とともに、体験の重なりが生むイメージや楽しく遊んだという感情を共有することで、「一緒だね」と共感の輪を広げていきます。過敏や鈍麻に見られるように感覚の働きにずれのある子では、この共感の輪が広がりにくく、「違い」が必要以上に大きく作用してしまいます。「同じ」であることにこだわり、「同じ」がわかりやすいエンブレムや標識、文字・数字などをより好きになっていきます。幼児期後半に「汽車博士」「国旗マイスター」と呼ばれるような博識の子はすでにこの時期に片鱗を見せています。こうしたこだわりをなくすことはできません。違いに気づく力をつけてきた証なのですから。**こだわりを一人のものに終わらせず、子ども好きなこととして大人が楽しむことが大切**です。**相互模倣の状態を大人から作り出す**のです。

換気扇やファンなど回るものが好きで回るものの前から動かない3歳児の自閉症スペクトラム児がいました。発達検査では2歳過ぎのことも一部可能なのに……。夏になり、担任が回転する扇風機の下で「扇風機ごっこ」として、クラスの子とともに回転したら彼が最後まで目を回さずに回転でき、3歳児たちが「すごーい」と感動。仲間とともに楽しみ、仲間に認められる体験を通して、仲間の中に入るようになっていきました。体の動きはもとより、文字も数字も絵やカードに変身させることができます。汽車好きはプラレールや組木細工で楽しく活動を広げることが可能です。

いずれにしても、過敏さなどの身体感覚の偏りのある子どもたちです。**心地よい体を感じることができる活動を工夫することも必要です**。療育の場では、紙吹雪やボールプール、布で大風を起こす、斜面を滑る、コンビカーで走り回る、スケボーで引っ張ってもらう、トランポリンを跳ぶ、ブランコで揺れる、築山を転がる、泥んこになる、足湯やお風呂を楽しむなど、仲間とともに心地よさを感じられる活動をていねいに工夫しています。感覚過敏のために嫌がる活動は「**見ているだけでもいいよ**」と無理には誘いませんが、保育者と仲間に気持ちが向くようになると少しずつ挑戦する姿が出てきます。

⑬見通しにおける「融通の利かなさ」からくるこだわり

違いに気づく力は、いつもと位置が違う、いつもと順序が違うといった気づきにもつながります。1歳後半ころから、ちょっとした違いに敏感で、不安からパニックになる子も出てきます。ちょっとした違いに向きがちな注意を、楽しいことに向けるために療育は行われています。楽しそうな雰囲気が醸し出されることで、いつもとは違っていてもみんなのしていることをのぞくなど、**子どもの気持ちが世界に向けて開かれていくこと**が大切です。日課も、好きなことをたっぷりと楽しみ、満足感を感じることで新たなことに目を向けることができる、ゆったりとした切り替わりの少ないものにします。楽しさを中心に据えた生活になることで、順序などへのこだわりは軽減されます。こだわりを減らそうと、時計を手がかりとして提示し切り替えを図る取り組みもなされますが、それが「7時46分になったから学校には行けません」というような時間へのこだわりにつながるとかえって大変です。集団生活においては、仲間や保育者の動きを手がかりとしていくことを基本にしたいものです。

いずれにしても思い起こす世界が豊かになれば、こだわりは減っていきます。楽しいところを動かされる体験を広げ、狭い世界でのしんどさを軽減したいものです。

C 二分的世界にはまり込む

3歳ころの力をもつ子は、「できる」一方で「できない」ことに気づいています。**「できなさ」を大きく感じると、自信がもてず新たなことに足がすくんでしまいます。** 4歳児クラスでは仲間に目を向けて新たなことに挑戦してきたダウン症児。5歳児クラスの後半、みんなが大きく伸びたためについていけなくなりました。すると1歳児クラスの子どもたちをたたいたり、突き飛ばしたりし始めました。「できなさ」を感じるが故に、自分よりも「できない」と思える1歳児に力を示していたのでしょう。「できる—できない」「わかる—わからない」という二分的な世界にはまり込み、良さを発揮しにくくなっている障害児たちがいます。「できること」をステキに発揮して、「大きい5歳児」としての自分を感じられるように、1歳児クラスの保育者の「お手伝い」を頼んだら、ぐっと落ち着いてきました。できた実感とともに、できることで役割を果たさせるなど、「できることの価値」を実感させたいものです。

D 雰囲気に巻き込まれやすい

自我ができてくるこの時期、子どもは自分の物、自分の場所など、自我の「座」をもつことで安定します。自分の中心軸が必要なのです。好きなおもちゃや、好きな絵が貼ってある場所に気持ちを向けます。**自分が気持ちを向けるべき物や場所が見つからないと不安になり動き回ってしまいます。**

自分を据えるべき中軸となる場がないと、大人に気持ちを向けて不安を軽くしようとするのですが、大人の動きが何を意図しているのかわかりにくかったり、自分が受け止められていると感じにくいと、ますます不安になってしまいます。要は雰囲気に弱く巻き込まれやすいのです。

そのため、初めての場では、特定の物をこころの支えにして乗り越えようと頑張る子もいます。特定のものへのこだわりに見えてしまうこともあるのですが、楽しい雰囲気を作り、子どもが「やった」と思える活動をともに取り組み、世界を広げていきましょう。楽しさがわかると支えは必要なくなっていきます。大人の出方で変わるこころの揺れを受け止め、子どもの思いを認め、楽しい時を過ごしたいものです。

参考文献
白石正久・白石恵理子編『教育と保育のための発達診断』全障研出版部
近藤直子『ぐんぐん伸びろ発達の芽』全障研出版部

講座4

4・5歳のこころの発達

幼児期後半期の発達

4さい
ゴミブクロかぶって
ハタキをもって
オソウジマン登場!

1

幼児期後半の発達において大切なこと

幼児期後半期、子どもはいろいろなことができるようになりますが、大切なことは講座**1**でも解説したように、「何ができるようになるか」ではなく、**どのようなこころの世界が展開するかということです。**

この時期に関して特にそのことを強調するのは、実は幼児期後半期に入りたての4歳児は、それまでできていたことができなくなる、発達心理学でいう「**4歳児の落ち込み現象**」が見られる一方で「**自分にこころがあること**」を自覚し始めるからです。「できていたことができなくなる」ことと「こころを自覚し始めること」、そして仲間との関係も変化していくことが、幼児期後半期の発達における重要なポイントです。

Ⓐ 世界を再構成する時期

4歳児の落ち込みは様々な場面で見られます。3歳児の時には飛んでいた大縄跳びができなくなる、3歳児の時はそろえていたトイレのスリッパが乱れ飛ぶ、今までしていた体操を「やんないもん」とスルーするといった具合です。「できるもんね」と盛り上がっていたのに、いい加減になった、だらしなくなったと否定的に見られやすい「落ち込み」ですが、実は豊かなこころの育ちが秘められているのです。

その内容は新たな「**視点の確立**」「**意味づけ**」の力が育つということです。3歳児の時期に、自分すなわち自我を確立し、自分のシナリオの主演俳優となった子どもが、主演俳優としての地位を確立したからこそ、周りの共演者や大道具・小道具を新たな目で見られるようになり始めたということだと、私は考えています。

新たな目で世界を見回すと、今まで見えていなかったこと、気づかなかったことに気づきます。大好きな保育者の後をついて勢いで飛んでいた大縄跳びの、縄の回転が気になりだすと縄のタイミングを計ろうとするから入れなくなり、結果として縄が飛べなくなります。今まででできていたことも新たな意味づけをし始めます。保育者がしているからとマネしてそろえるようになり、「上手ね」「ありがとう」など保育者のことばに「できた」とうれしくてそろえていたスリッパも、何のためにそろえるのか新たな意味を求め始めます。「先生が好き」という勢いではできなくなる彼らのこころは、仲間の行動や能力に向けられていきます。後で詳しく見てみましょう。

そして「ことばの働きの変化」と子どもたちの行動の変化が深く結びついていることも忘れてはいけません。3歳児期が「第一言語完成期」と呼ばれるのは、1000語も使うようになり、日本語の品詞が出そろい会話が可能となるからですが、実は子どもが理解していることばの意味は「自らの体験」と「体験に基づくイメージ」に規定されています。だから「みんな」というような「集合」を表すことばは理解が困難です。「コブタ組のみなさん」と「ロケットグループのみなさん」とでは「みなさん」を構成するメンバーが異なるという、保育者の視点から見た意味理解は、実は幼児期後半の課題なのです。今までとは異なる、**「相手の視点」**でことばの**新たな水準での「意味理解」**への挑戦が始まるのですね。

この時期、ことばは相手とのコミュニケーションの手段としてだけではなく、自分に対してかける働きも見えてきます。大人が日ごろかけてくれる「頑張れ」「ファイト」「がまん、がまん」「泣かないで」「お口にチャック」などのことばを、掛け声のように自分にかけるのです。日本の集団においては、どちらかというと**自分の感情をコントロールする方向にことばが働くことを求めるため、「○○だけれども××する」**という表現で、我慢や頑張りが強調されますが、「今までやってたけど、しないでおこう」「すべきかもしんないけど、しないもんね」という方向に働いてもおかしくはないのです。

そして子どもは**ことばで遊ぶ**こともし始めます。食事場面で「ウンコ！」を連発する、実習生に「ブタ！」と言うなどひんしゅくを買うことばも増えてきます。親の会話や知らない人との関係に新たな視点で関与しようとしながらも、気の利いた会話がまだできるわけではないため、こうした汚いことばが増えるのですが、絵本やテレビなどでの「楽しいはやしことば」「楽しい呪文」などを取り入れる中で次第にユーモア感覚を磨いていきます。

何かと、「できなくなり」「いらないことはするようになる」４歳児期。その面白さと発達的な意味は**2**で改めて解説します。

Ⓑ「こころ」を意識する時期

3歳児は自分のシナリオの主人公です。自分の中にあるストーリーを自覚し実現しようとします。そのストーリーを「こころ」として意識化していくのでしょう。4歳代は、主演俳優である自分にこころがあると同様に、共演者たる相手にもこころがあることを意識するようになるため、「**こころの理論**」が成立する時期だと言われています。

幼稚園で仲良しの子の隣に座ろうとしたら男子が座ってしまったというので「そう、それで泣いちゃったの？」と尋ねた母親への4歳の女児のことば

「心が泣いた」

3番目の理子ちゃんがかわいい盛りの生後8か月で亡くなり、母親が自分を責め続けていた時の5歳の長男のことば

「りこは一人で考えて選んだんだよ」

（『天使のひと言　ホロリ、ドキリ、クスリ…はっとしたわが子のつぶやき』全労済編、祥伝社、2000、165頁・112頁）

相手にもこころがあると意識するようになると、5歳児では大人でも言えないような思いやりのあることばを語るのです。相手の視点でものを言えるということは、**思いやる**ということです。思っていても言わないということも含めて、子どもは親を思いやるようになっていくため、私立小学校受験に向けて無理を重ねて十二指腸潰瘍になる子さえ出るのです。神経性嘔吐、夜驚、不定愁訴など、**身体症状に表れる情緒障害の発生**が問題となるのも、子どもが親を慮って「しんどい思い」を口にできないからです。そして**こころを意識するということは「こころに残る思い出」ができる**ということです。

ステキな思い出であればよいのですが、悲しい思い出やつらい思い出がこころに残る子も出てきます。一般的には、保育所や幼稚園生活は、学校生活よりは「楽しい思い出」として残ることが多いようですが、親との葛藤など、家庭におけるつらい思い出は、今後の人生につながるが故に、しっかりと受け止めていく必要があるでしょう。そういう意味において、幼児期後半は大人にかなり似た状態でもあるのです。率直に「イヤ」を連呼できた2歳児は幸せだったともいえますね。人生で唯一思う存分「イヤ」と言える時期だったのですから。

c 仲間の中で活きる自分へ

世界を新たな視点で見つめるようになれば、おのずと共演者たる仲間が目に入ります。今までも仲間のしていることを取り入れ、仲間と取り合いもし、仲間と共感もしてきたのですが、この時期は「できた！」という実感をもとに自分を築いてきたこともあり、**仲間の「能力」に目が向く**ようになります。自分よりも「できる」仲間にあこがれて、今までは「しよう」と思ってもいなかったことに挑戦し始めます。

関心がなかったことにも挑戦し世界を広げていきます。それだけに**仲間に認められたいという思いも強まります**。無理もしますし、「カッコ悪い」自分に自信も揺らぎます。でも、挑戦し続けていくのが幼児期後半です。挑戦する中で仲間を見る目も鍛えられていくのです。

2

仲間の中で羽ばたこうと頑張る 4歳児の発達

Ⓐ「こころ」を意識し始める時期

「つもり」をもち、**「つもり」を実現できたという自信の積み上げ**が、4歳代では自分の中核をなす自分の「こころ」の自覚を生みだし、「こころ」を意識し「こころに残る」思い出を形成していくようになります。こころを意識するが故に様々な「こころの揺れ」も感じて、大人から見たら「困った姿」を出すようにもなります。

自分にこころがあるということは、親や仲間にもこころがあることを意識し始めることでもあり、5歳代では「思いやりのこころ」も育ちます。親が望んでいることを、あたかも自分の願いのように感じて、小学校受験やおけいこ事に頑張る子も出てきます。大人の価値観や願いが子どもに吸収されやすい状況になるわけです。「軍国少女」も「受験少年」も育てうる基礎ができてくるのだということを、親や保育者は心に留める必要があるのです。

Ⓑ「仲間の中の自分」を意識する時期

3歳代までに、「つもり」を実現し「よき終わり」を積み上げてきた子どもは、自分を中心にして周りを見回すようになります。主演俳優として確固たる地位を築いたが故に、共演者の演技にも目が向くようになります。仲間は何をしているのかな?と目を向けることで、自分よりもカッコいい仲間の存在にも気づいていきます。

3歳までの「つもり」はゴッコ、ことば、描画、造形、リズム活動などを通して「表現されて」きましたが、**表現されることで「見直し」の対象ともなり**、子どもは仲間の表現にも着目し始めていきます。

そしてことばの働きの発達も仲間に目を向けさせていきます。3歳で1000語も話せていたとしても、子どもが理解している「ことばの意味」は、自分の感情に彩られた体験をもとにしたものです。「おかあさん」は他でもない自分のお母さんであって、辞書にある「親である女の人」というような理解はしていません。**4歳代では「ことば」も見直しの対象となり始めます。**大人が用いているような意味の世界に入るわけではありませんが、理解しようとする姿勢が目立ち始めます。

毎年のように、4歳になった子どもの山菜ごはんに対する「さん歳じゃない、よん歳だもんね」ということばが新聞紙上で紹介されます。「同音異義語」というような難しい概念は獲得してはいないものの、「4歳だ」という誇りとともに、子どものことばに対する感覚が鋭さを増していることがわかります。

だから保育者の「くま組のみなさん」ということばにも、「ロケットグループのみなさん」ということばにも、自分が「みなさん」に含まれるのか否かに、気持ちを向け始めるのです。3

歳児クラスでは「みなさん」が「みなちゃん」を指していると思っていたのに、4歳児では「みなさん」の前に示される「集合」が重要だと感じ始めてきます。とはいえ、集合を表す「上位概念」の獲得は5歳児になってからということになるため、保育者の指示をすぐに忘れて叱られる子も多いのですが……。

共感という感情的な結びつきが基本であった幼児期前半とは異なり、自分を中核にして、改めて仲間がしていること、仲間の言っていること、仲間のできることを見直すため、**仲間との関係が変化し**、だから仲間の中に入りにくいという子も出てきます。4歳児はいろいろな意味で過渡期にあるのです。揺れるのも当たり前。そう思って長い目で見てくださいね。

C 認識の発達に支えられた世界の広がり

この時期の特徴的な姿に「**4歳児の落ち込み現象**」があります。それまでしていたことやできていたことを、しなくなったりできなくなったりする姿を指します。大人は「なぜ?」と思いますが、子どもには「なぜか」という理由は説明できないものの、子どもなりのちゃんとした理由があります。自分を中核に世界を見直し始めたのですから、いろいろな場面で「見直し」

が行われます。

それまでは大好きな保育者のマネをしてそろえていたトイレのスリッパも、園庭であそんでいる仲間の声が気になれば「どうでもよいこと」になってしまい、スリッパが乱れ飛ぶようになります。保育者の指導は「先生と一緒にそろえようね」から「次に使うお友達のためにそろえようね」と、**本来の意味にそったものに**切り替える必要がありますが、お友達は園庭であそんでいるのですから、本来の意味にそってそろえられるようになるまでには1年くらいはかかるかもしれないと、割り切りましょう。

大好きな保育者の後について走り抜けていた大縄も、周りを見直し始めたら、縄の回転が気になり出し、その結果、縄の中に入るタイミングがつかめず「できなくなって」しまいます。そして3歳児の時にはできていた体操をしない、「朝の会」が始まってもあそんでいるなど、保育者が気になる姿を日々**事前にやり方を学ぼうとすることで、かえってできなくなるのです**。たくさん出してきます。この時期の子が、絵本『はじめてのおるすばん』（しみずみちを著、岩崎書店）に見られるように、「寂しくても我慢する」「悲しくても大泣きしない」など、我慢する、頑張る存在として描かれることもあって、「なんでできないの」「なんで頑張れないの」

と思ってしまいがちですが、「○○だけど××する」というこころの働きは、我慢や頑張りにつながる時もあれば、「わかってはいるけど、したくない」「すべきだろうけど、しないもんね」という方向に働いてもおかしくないのです。子どもたちは、大好きな大人のマネを通して獲得した幼児期前半の世界から、**意味を理解して獲得する世界へと飛躍していくための助走**を開始したばかりです。走り高跳びでも幅跳びでも助走が大事。助走を開始したばかりの4歳児を温かく見守ってください。

意味を理解して獲得する世界への飛躍の第一歩として、4歳児で育つ認識の力の中心は**ことばの働きの質的な変化**です。ことばの意味は、辞書的な意味、つまり大人と同じ普遍性をもつ意味としてはまだ理解しきれていないのですが、未熟さをもちつつも、**自分にかけることば**として働き始めます。自分の思いをことばで表していた幼児期前半は、子どもは相手との間でことばをやりとりしていました。その相手のことばを自分に向けてかけ始めるのが幼児期後半です。

ロシアの心理学者ルリアの有名な実験では、「光がついたら2回バルブを押してね」という指示に対して、4歳児はバルブを押すことはできても2回押すことを保持できませんが、光がついたら「1・2」「1・2」という掛け声をかけるという指示であれば、「1・2」「1・2」

という掛け声を支えに2回押すことが可能という結果が出ています。つまり、ことばの意味を理解し保持し続けることはまだ難しいけれど、「ファイト」「頑張れ」「がまん」などと自分に掛け声をかけることは可能だということです。だから寂しくても「頑張れ」と自分に言い聞かせて留守番するのですね。でも頑張りや我慢ばかり求められたのではしんどくなります。**楽しい活動や楽しい生活に少し頑張りや我慢がある、それも意味を理解しやすい頑張りや我慢だというのが、4歳児の本来の生活ではないでしょうか。**日本では1クラスに30人もの4歳児がいるから、必要以上に頑張りを求めがちになっているのかもしれません。

ことばの働きが変化するということは、やりとりのためだけではないことばの使い方ができてくるということでもあります。ウンコがしたいわけでもないのに食事中に「ウンコ」と叫んで叱られる男の子が多いのですが、気の利いた会話を楽しむだけの力がついていない4歳児は、他者の注意を自分に引き付けるために「ウンコ」「ブタ」「ババア」などの汚いことばを発するのです。いわば**ことばで遊んでいる**のです。だから絵本のはやしことばが大好きなのです。こうしたはやしことばは、次第にダジャレに変わりユーモアに発展していくものです。大人はウイットの利いた受け答えをしたいですね。

4歳代の終わりには、子どもの世界に「好き―嫌い」「良い―悪い」といった二分法から「中くらい」という中間項が入り始めるようになります。ことばの意味が理解できてくることや、仲間との関係の変化などが背景にあるのでしょうが、世界の見方に幅ができるというか、視点の広がりができてくるのですが、その土台として、斜めの世界が子どもの世界に入り始めてきます。造形制作において縦横だけでなく奥行きが見られる、はさみで形を切り抜く際に直線切りでなく斜めにはさみを入れるなどの姿が蓄積されていきます。運動課題においても、斜めの姿勢バランスをとろうとする子が出てきます。飛び込み、鉄棒、縄跳びなども、斜めの姿勢保持が得意な子がクリアしていきます。斜めは人間にとっては不自然な姿勢ですが、不自然な姿勢を獲得することで子どもは新たな文化の世界に入っていくのだともいえるでしょう。

Ⓓ 揺れまくる健気な4歳児の自我

自分を中核に世界を見直し始めた4歳児は、**見直し始めたものの世界をどう意味づけし直すかがまだあいまいで、こころが揺れることになります。**まずはそれまでしていたこと、できていたことをしなくなるが故に、親や保育者に叱られることが増えますが、なぜしたくないのかが自分にもわからず「ドウシテモ」としか言えず困ることになります。

できるようになったことも、「どうしてできるようになったか」と尋ねられても、「ガンバッタから」と主観的な思いでしか答えられず、仲間に教えるようなカッコよさを発揮しにくいのです。

仲間を見回すことで、自分よりもカッコいい仲間にも気づきます。「カッコよくプールに飛び込みたい」と思っても、怖いし、どうしたらできるのかもよくわからず、下手な努力を重ねることになります。保育者がしてくれるアドバイスも、その意味を十分に理解できるわけではなく、アドバイスされてもできない自分を強く感じさせることにもなります。**カッコよくなりたいのになれない自分と付き合うのは、なかなかしんどいことです。**だからこころが揺れてしまいます。

二分的評価から中間項が育ち始める時期ではあるのですが、中間というのはひどくあいまいですから、そういう意味でも揺れやすくなります。

この時期の揺れは様々な姿になって現れます。わかりやすいものとしてはクセがあります。**クセは3歳後半から4歳代で目立ち、一般的には5歳児になると減少していきます。**爪かみ、鼻くそほじくり、服の裾をいじくる、髪の毛をいじくる、ポケットに手を突っ込む、性器いじりなどのクセが見られます。保育者よりも親が気にして直そうとすることが多いのですが、直そうとするほど長引いてしまいます。私たちの手は、こころが前に向いているとモノや人に働きかけるのですが、こころが前に向きにくい時には内向きになりやすく、大人も手持ち無沙汰になると、つい髪の毛に手が行ったり、服を触ったりしてしまいます。それを防ぐために、一昔前の人は本を、現代人はスマホを見ているのだとも言えます。こころの揺れが収まりだすとクセはぐっと減るため、5歳児では減少するのです。

子どもが揺れつつも前向きに、新たな意味に向かって挑戦するのを応援するのが大人の役割です。仲間から見たらあなたもあこがれられるステキな存在なのだよ、と保育者からは伝えてほしいものです。わかりやすいカッコよさにあこがれる子どもたちに、仲間のステキな発想、ステキな色使い、ステキな知識、ステキなやさしさなどを実感させてください。親は「あなたがいてよかった」という思いを、お手伝いや子どもの作品を大切にする姿を通して伝えてほしいものです。

「ふざけ」もこの時期の特徴の一つです。カッコよくしたいという思いはあっても、カッコよくできるためにはどうすればよいのかがわかりにくい4歳児では、本番でふざける姿が出てしまうことがあります。**いつも以上に頑張ろうとするが故に、こころがはじけてしまうのです。**ふざける姿は男児の方に多く見られます。女児はこころが揺れると担任を見てこころを落ち着けようとするのですが、男児は同じく揺れている男児を見て「お前もか～」と共鳴し合いはじけてしまうからです。大人を馬鹿にしているわけではなく、ツボのおさえ方が子どもっぽいとも言えそうです。

嘘や告げ口もよく見られる現象です。この時期の**嘘はだまそうとしてつく嘘ではなく、カッコいい子にあこがれるが故につくものです。**一人縄跳びができる子にあこがれて懸命に練習しているうちに、つい「自分もできるよ」と言ってしまうというものです。自分からつく嘘ではなく、大好きな大人に尋ねられた際にカッコつけてついてしまう嘘です。嘘というから親が心配になるので、私は「イメージトレーニング」と呼ぶようにしています。カッコいい仲間にあこがれ「できる自分」を願うからこそ、練習し続け5歳過ぎれば飛べるようになるのですから。仲間に目が向くようになると、「困った子」も目につくようになります。よくけんかしている、先生が「行ったらいけない」と言ったところに行くなど、目に余る子が出てくると、特に女児は保育者に告げ口に来ます。そして保育者が子どもたちの言い分を聞いたり、言い聞かせたりしている姿をそばで見ています。これも告げ口というと聞こえが悪いので、私は「観察学習」と呼んでいます。5歳児になると仲介に入る子が出てくるのは、こうした観察学習の成果だからです。しかし、嘘も告げ口もあまりに多い場合は、楽しさを満喫していない姿として理解する必要があります。新たな意味を求め始めた時期だから、飼育も、栽培も、ルールやスリルのあるあそびも魅力的なはず。「4歳児らしい活動とは」と見直してみてください。

マイナスに見える中に新たなステキな世界を求める潜在的な願いと、健気な努力を見つめて、この面白い時期を子どもと楽しんでくださることを期待しています。

3

「大きさ」に向けて努力し始める5歳児たち

Ⓐ ポイントをおさえることで効率よく挑戦する「カッコいい年長さん」になる

4歳代では大人のことばの意味が、十分にとらえられなかったのに対して5歳代になると、大人が意味しているあり方で理解できるようになります。先に説明したルリアの実験では、「光がついたら2回バルブを押す」という指示をクリアできるようになります。「1・2」という掛け声ではなく「2回」という意味を理解し課題に取り組むのです。そうなると保育者の「〇〇してごらん」というアドバイスが有効性を増します。鉄棒も竹馬も練習の成果が上がりやすくなり、子どもは落ち着いてきます。

「キュウリはお漬物の仲間だ」と言っていた4歳児が、「キュウリはお野菜だ」と大人のもつカテゴリーで分類するようになります。「仲間集め」ができるのです。大人はこの世界にあるものを、動物、植物、乗物、文房具などに分類し、効率的に世界を理解していますが、子どもたちもそうした世界、**上位概念で理解する世界**に入っていきます。そして、大人が言っているように「鉛筆二本」「セミ三匹」「リンゴ二個」などのように、上位概念に沿った「単位」で数えるようにもなります。小学校に入学して国語や算数、理科などの学習を進める基礎ができてきます。

仲間の見え方も変化してきます。仲間のしていること、言うこと、できることをしっかりと見つめてきた子どもたちは、「〇〇組」、「××グループ」という**所属集団での活動に意欲的になるとともに、仲間を多面的に見つめだします**。二分的世界から中間項を意識できるようになったことも含めて、カッコいい―カッコ悪い、好き―嫌いではなく、カッコいい時もあるけどケチな時もあると、仲間の見方を豊かにしていきます。「サッカーが上手だけど、教えてくれないからケチだよね」と、視点が広がっているのです。竹馬など苦手な課題にも、教え上手の仲間に教えてもらうことで、クリアしやすくなり**「こころの揺れ」はグッと減ります。**

さらには、自分に関しても視点が広がります。「前・横・後ろ」と三方向からの自画像を描いてもらう課題では、前はもちろんのことですが後ろ向きを描き、さらに5歳後半以降は横向きも正しく描こうとします。横向きでは難しい目や口を正しく描こうとし始めます。自分の今日・昨日・明日は現在・過去・未来として広がっていきます。6歳を迎えるころには「赤ちゃんの時はヒヨコ組だったけ

図５
Ｋちゃんの人物の３方向描画

図６
５か月後のＫちゃんの
人物の３方向描画

3方向描画

白石正久・白石恵理子編『教育と保育のための発達診断』全障研出版部、2009、p.149 より

ど、ウサギ組、コブタ組、キリン組になって、今はゾウ組。そして小学生になる」と**自分の育ちを時系列（系列化）でとらえる**のです。

「お母さんも大きくなるとおばあちゃんになるの？」と尋ね、「そうだね、おばあちゃんになるね」と答えると、「おばあちゃんになると死ぬの？」とさらに先まで考え、「おばあちゃんになると死ぬやろな」という母の答えに「ボクさびしい、お母ちゃんと一緒にお墓に入る」なんてかわいいことを言ってくれたりもします。自分についても、周りの大切な人についても、育ちを時系列的にとらえることで、ますます**大人を思いやるこころが育っていきます**。

こうした力をもとに、集団での話し合いにおいて、仲間の思いを汲み、仲間を多面的に理解する力が育っていくのです。

Ⓑ 工夫し努力し頑張る自我

4歳代の様々な揺れを乗り越えてきた5歳児は、3歳児とは異なる水準で自信をもちます。アドバイスを取り入れ、教え上手な仲間をゲットすれば、苦手なこともクリアできるのです。かつては竹馬の持ち方が悪かったけれど、友達と一緒に練習したらできるようになった「発達

する存在」としての自分を感じています。だからもっといろいろなことに挑戦したいと、卒園前の半年は運動も描画も制作もと頑張り、ぐんと成長します。「もっと大きくなりたい」「早く小学校に行きたい」と思っている子がほとんどです。

もちろん、親も保育者も期待が膨らみ、子どもにとっての楽しさよりも「でき具合」に目が向くようになります。頑張ることができるからと頑張らせ過ぎることも増えてきます。私立小学校受験のために十二指腸潰瘍になる幼稚園児が出るのも、アルプスの少女ハイジの「ハイジ」のように睡眠障害が出るのも、**こころが頑張り過ぎてしまい**、自律神経失調的症状を発症するからです。2・3歳児のように素直に「イヤだ」「できない」とは言いにくい発達状況だということを、大人たちは踏まえる必要があります。まだ生まれて6年しかたっていないのですから。

「大きくなっても　何にもならないよ　ボクはボクになるんだ」

『あのね　子どものつぶやき』(朝日新聞学芸部編、朝日新聞社、2001、63頁)

大人の求める自分ではなく、「自分が自分になる」と高らかに宣言するこの5歳児のように、**子ども自身の発達の力**を信頼したいものです。「もっと大きくなりたい」と、あんなにあこがれていた小学校も、入学してみたら、自分たちは一番小さく、先生よりも大きな6年生がいたりして、途端にこころが縮んでしまいます。大きくなっていくよろこびを感じられる小学校生活の保障が、学校や学童保育所の課題となっていきます。

ⓒ 教科学習の基礎が蓄積される時期

保育者の語ることばの意味が理解できているから、教師が授業で語る内容も理解できてきます。体験を時系列で整理する力（**系列化**）がついていることで、国語の文章も筋立てて理解し、自分の体験を順序立てて文章化できるのです。

上位概念が獲得できているから、事象をグループ分けして、実体験を効率よく整理できるのです。算数も理科も社会科も、この上位概念が重要な役割を果たします。

親は文字の読み書きを心配しますが、ひらがなの読み書きの基礎を、4歳代の後半以降、子どもたちは「ことばあそび」を通して獲得していきます。ひらがなは基本、1文字が1音を表す表音文字です。ことばはいくつかの音で構成されていること（音節分解）、同じ音をことばから取り出すこと（音韻抽出）によって、音で構成されていることばを意識的に使いこなしていきます。このことを楽しく身につけるあそびが「こぶた　たぬき　きつね　ねこ」のような「しりとり」であり、「いちじく　にんじん　さんまに　しいたけ」のような韻を踏むわらべ歌なのです。小学生になってからもグーで勝ったら「グリコ」と3つ進むようなあそびを、みなさんもしたと思いますが、これも**音節分解・音韻抽出**です。本質を踏まえておけば、あとは応用で済みますが、本質がわかっていないとただ「覚えるべきこと」になり学習意欲が低下してしまいます。

文字を書くには、文字の形を区別しうる力も必要ですが、それ以上に子どもがつまずくのは「**筆順**」です。文字の成り立ちを踏まえて順序立てることは、筋道を立てる力がつく、5歳後半以降にならないと難しく、早く文字を書くようにはなったけれど筆順が自己流という子どもは、入学後に一苦労することになります。

早くできれば安心というよりは、**基礎をしっかり育てる**ことの方が大切だということです。「遊んでばかりいて大丈夫か」という親の心配は、現在の学校教育の状況を見れば無理もないことです。**保育の中で育っている力**に関して保護者とともに確認することが、年長の時期には必要とされるでしょうね。

4 集団生活で「問題」になる子どもたち

「気になる子」として問題になる子どもが増えていますが、保育者が気にしている子は、暴言や暴力が目立つ、集団生活からはみだす、仲間の中に入らないといった子どもたちです。仲間との関係が発達する幼児期後半期であるが故に、保育者としては心配になるし、学校に入ってからのことを考えると余計に心配になるものです。しかし生まれてからまだ5・6年という子どもたちです。心配する前に、**これからの長い人生を考えた時に、本当に大切なことは何かを考えてみる**ことが必要です。

Ⓐ 親の愛情を感じられるために

子どもの幸せは何といっても、**親に愛されている実感をもちうることです**。ことばが伸びるこの時期、受け止めてもらえる実感が乏しいと、相手のこころを自分に向けさせることばを求めてしまいます。「ウンコ」や「ババア」はかわいいものですが、大事な人が自分の方を向くことを求めるが故に、「死ね」「殺すぞ」などと過激なことばを使ってしまいます。**無視されるよりも叱られる方がまだマシ**なのです。親はもっとすごい暴言を子どもに向けているかもしれません。子どもよりも親を受け止めることが課題かもしれませんね。

家庭では無理をしていて、その分、集団生活において荒れる子もいます。家では「よい子」にしているため、親と共通認識をもちにくいのですが、日ごろから**子どもも大人も家では甘えて、社会で頑張るものだ**ということを、親たちと語り合うことも必要でしょう。

集団からのはみ出しや仲間関係の問題は、本来は園で解決すべき事柄です。親に課題を振っても、家ですべきことは見えにくいものです。子どもの良さや得意なことを親と共有し、親が子どものかわいさに気づくことを大切にし、**夜の甘えを受け止める**ことなど、子どもが「愛されている」と実感しやすいシーンを大切にすること、**手伝いなどで家族の大事な一員なのだと感じさせること**を伝えたいものです。

Ⓑ 保育の場では、「大人って捨てたもんではない」と感じさせて

暴言などに対して、保育の場で「そんなことを言ったら悲しいよ」と伝えても、保育者が自分を見てくれたよろこびの方が大きければ暴言は減りません。その子の好きなあそびをたっぷりと楽しめば、イライラが減り暴言も減っていきます。ことばは気持ちの表れなのですから。暴力も同様です。イライラするから手が出るのです。**イライラ感を受け止めるとともに、子どもが楽しく過ごすために何をするかをまずは考えましょう。**

集団からの逸脱も、仲間と遊ばないことも、何よりも保育の課題です。仲間と取り組みたくなるためには、**「仲間がいて楽しい」という実感**が必要です。子どもの好きなこと、得意なことを仲間と楽しみ、仲間が「スゴイ」「面白いね」などと認めてくれると、仲間に目が向きやすくなります。本人の持ち味を仲間の中で活かすことが基本です。仲間とうまくやれない自分を認めてくれる大人がいるという経験が、**「困った時に頼りうる大人がいる」という信頼感**につながるでしょう。

ⓒ 子どもが自分を肯定できるように

「みんな違ってみんないい」と言いつつも、ちゃんと座っていること、先生のお話を黙って聞くことなど、みんなが同じことをすることを求める学校の現実の中で、親も保育者も「かたち」を求めがちになってはいませんか。先生方がもっとゆったりと子どもと向き合えるように、教育条件や労働条件の改善が必要なのに、その不十分さのツケを子どもに回してはいないでしょうか。

子どもは発達途上で揺れてマイナスを出すし、4歳児のように「落ち込み」を見せもするものです。挑戦するから揺れている、挑戦するから落ち込む、そう考えれば、「問題」を出す子の姿の中に、新たな自分に健気に挑戦している頑張りが見えるかもしれません。「情けないあなたもカッコいいあなたも、どちらも本当にかわいいよ」と、親や保育者が思ってくれれば、子どもは自分の良さを膨らませていけるでしょう。

幼い幼児期だから、そして乳児の時から発達過程を見てきたから、これからも子どもの育ちを見守り続ける応援団となりうるのだと、自信をもって親と語り合ってくださることを願っています。

参考文献

近藤直子『続　発達の芽をみつめて』全障研出版部

近藤直子『〝育てにくい〟と感じたら』ひとなる書房

藤野友紀『発達を学ぶ　発達に学ぶ』全障研出版部

（補）学童期のこころの発達

1 学童期前半期のこころの発達

Ⓐ 不安いっぱい1年生

「もっと大きくなりたい」と願い始めた5歳児たち。保育園や幼稚園の年長さんとして「カッコよく」頑張ってきました。リレーのバトンの受け渡しだって練習して上手になりました。生活発表会の劇のせりふもしっかりと言えました。「もっと大きくなりたい」と、小学生になることを楽しみにランドセルを背負ってみたり、届いたばかりの勉強机に腰かけてみたりして入学式を待ち望んでいます。

しかし小学校に入学すると「えっ!」という体験をします。**大きいつもりだった自分がとても小さいということを思い知らされます。**学校の敷地は広く校舎も4階建てだったり2棟あったり、校庭は園庭とは比べ物にならない大きさです。生徒の人数も多く、6年生は大人よりも大きかったりします。全校朝礼の時にはどこに行ったらよいかわからないし、不安でたまらなくなります。入学後5月に実施された運動会では1年生は徒競走のみ。6年生のリレーの迫力には驚くどころではありません。

だから**登校を渋る子**がいてもおかしくないのです。大きいはずの自分がいかに小さいか。私たち大人もそうした体験をするとこころがかじかみます。「お母さんと一緒じゃないと学校に行けない」などという子どもに腹を立てないでください。マイナスは次への助走なのですから。

そんな**1年生の不安は親や担任や学童保育所指導員への甘えや、所属集団における大きさの実感によってクリアされていきます。**不安を支える温かい大人との関係と、その子なりの大きさを大切にする大人の見守りが大切です。

⑬ 世の中にはいろいろな「大きさ」がある

子どもたちは、学校生活にも学童保育所生活にも慣れると、気持ちが落ち着き「大きさ」を求めて冒険を始めます。**「大きいことが良いことだ」という価値観**が子どものこころに育ってきているため、彼らは「大きさ」を求めて世界を広げていきます。自転車を乗りこなし学区外へも遠出します。一人では心もとないと、近所の子や級友を誘って出かけます。「学区外には行ってはいけません」という学校の決まりは早晩無視されます。未知の世界へ飛び出すことは大きいからできること。幼児には行けなかったところまで自分たちの足で行くことは「未知との遭遇」世界征服の冒険です。家と家の間の狭い空間だって制覇します。

高さも征服し始めます。石垣を見つければ上って「忍者歩き」。壁を挟んだ廊下を、手足を駆使して上る「蜘蛛登り」もお手のもの。木登りもせっせと挑戦します。**男女ともに忍者修行にいそしむ**のが低学年の特徴です。

もちろん剣玉やコマ回し、一輪車などの技にも挑戦しますし、カードゲームなどで勝つことにもこだわります。大きくなりたいのですから。そしてカードを貯めること、人気のキャラクターグッズを蓄えることにも熱心になります。大人は勉強やおけいこごとに熱を入れてほしいと願うのですが、子どもはその枠には納まっていません。こころが「大きさ」を求めているのですから。

そしてちょっとした悪さをするのもこの時期の特徴です。「入ってはいけない」というところに入って事故に遭うのも、自転車で暴走して溝にはまり骨折するのもこの時期です。

世界も空間も技術も財産も善悪もいろいろと試してみることで、ワクワク・ドキドキ感とともに自分の「大きさ」を感じさせていきます。「大きさ」は危険や叱責と隣り合わせだから、自分がどれだけ大きいのかについても、何をどこまでしてもよいのかも実際に試しながらつかみ取っていくのです。小学生は地域では、学校では見せない顔を見せて「悪にも挑戦する」怪人二十面相なのです。試行錯誤を通して自分ならではの「大きさ」、自分の価値をつかみ取っていく権利を有している時期なのですが、残念ですが、子どもを危険な目に遭わせないために遠出も木登りも禁止する親や学校も出てきています。

本来は大人の見守りの目がある低学年の時期に**冒険し試行錯誤することで、してよいことの「限度」を実感し、納得して「大きさ」の内実を仕分けしていく**のです。高学年以降青年期にかけて子どもたちは、「自分らしさ」を大人が求めるものから「自分が実感するもの」へと組み替えていきます。その時期に低学年時代のような冒険をすると、非行として取り締まられてしまいます。低学年期では「馬鹿げた失敗」として許されるからこそ、子どもたちは安心して自分の大きさの実感のために、大人からみたら「馬鹿げたこと」や「意味の見えにくい」ことに力を入れることができるのです。大人は勉強やおけいこ事など大人から見て価値のあるものだけに集中することを求めますが、子どもはお父さんやお母さんのために生きるのではなく、自分の人生を自分で築き上げていくことを潜在的に求めています。**小学生の冒険心を発展させ試行錯誤の権利を保障し、「大きさ」を実感することのできる学童保育の価値**が際立つのです。

Ⓒ 自分の大きさを感じられない時

この時期に自分の大きさを実感できにくいと、子どもは自分よりも小さいと感じられるものを馬鹿にし、自分の大きさを浮き立たせようとして障害のある子どもを馬鹿にすることも出てきます。ダウン症のカコちゃん。「漢字が書けないから」と学童保育所では1年生から馬鹿にされていました。しかしキャンプに向けた食事作りではお母さん譲りの腕を見せ、1年生から一転して「お料理名人」と呼ばれるようになりました。「大人になったらお料理を作る人になる」と夢を描き始め、中学生になったら日曜日にお母さんのために朝食を作りコーヒーもいれてお母さんを起こしてくれる親孝行の少女になりました。自分よりも小さいと感じられると馬鹿にするけれど、大きいと感じられる体験があれば「お料理名人」と尊敬できるのも低学年の良さです。「馬鹿にしてはいけません」というお題目ではなく、実体験をくぐって相手を理解するという体験は学童保育ならではとも言えそうです。仲間を多面的に見ることは自分を多面的に見ることでもあります。自分を小さいと感じてしんどい時、「大きいところもあるよね」と感じられる体験が求められています。

自分の大きさを実感しにくいと「非行」に走る子も出てきます。万引きの初発年齢は2年生とも言われます。万引きをするのも親の財布からお金を抜き出して友達におごるのも高いゲームソフトを買って見せびらかすのも、「大きさ」を感じたいからです。万引きは大人の目を盗むだけに自分の大きさを一時的に感じさせてくれます。悪いこととわかっているし、後悔もするけれどやめられないのは、自分の大きさを実感する「何か」が見つけられないからです。モノやお金や大人を出し抜くことで大きさを実感するよりも、人間としてのステキさで大きさを実感したいのですが、勉強でもスポーツでも生活力の面でも、そして日常の行動でも認められる機会が乏しく、叱られることや馬鹿にされることの方が多いと追い詰められてしてしまうのではないでしょうか。

非行的な行動を叱ることは必要ですが、それ以上に大切なことは子どもがなぜそのようなことをしたのかを理解することです。子どもに聞いても子どももなぜかはわかりません。自分のこころを客観的に見つめることはまだ無理だからです。何よりも大切なことは、子どものことを「大好き」と抱きしめてくれる子ども自身の絶対的な価値を実感させてくれる親と、仲間から「大きい」と認められる体験だということを考えておきたいものです。

Ⓓ 障害によるしんどさと取り組みの視点

学習面でも生活面でも、「わかりにくさ」からくるしんどさが目立つようになります。読字障害や書字障害のように、字形が区別しにくい、行が重なって見えるといったしんどさはもちろんですが、「何のために学ぶのか」の意味が見えにくいと学習意欲がわきません。好きな本やゲームの解説書が読める、友達とSNSでやりとりができる、点数が積み上がったり減ったりすることでカードゲームが楽しめるといった、生活やあそびの上での意味を実感することで学習意欲がわく子もいると思います。

それ以上にしんどいのは、**価値の世界に入る**ことです。自分は「大きくない」「カッコ悪い」「いじめられている」と感じることで劣等感が大きくなりすぎると、Cに書いたような「問題」も出してくるからです。通常、知的障害が軽い人の方が犯罪等のトラブルに巻き込まれやすいと言われるのは、自分の価値を実感しにくいことや他者から馬鹿にされていることを理解できるからです。

一人ひとりがかけがえのない存在として輝く生活とは?と、教師、親、指導員といった大人たちが考え合ってほしいものです。

2 考える力が育つ高学年

Ⓐ 考える力をつける

冒険もし「ちょい悪」もしてみた低学年時代の体験を頭の中で振り返ることで、考える力をぐんと伸ばすのが高学年の時期です。自分の体験を整理し始めるのが5歳児ですが、体験をさかのぼり振り返り始めるのが2年生ころ、そして整理し振り返ることを頭の中で繰り返し取り組むのが高学年ということになります。親は「どこで間違えたのか振り返りなさい」「見直しをしなさい」「検算は?」と言いますが、そうしたことは2年生ころからできはじめ、頭の中だけで体験を整理し振り返ることを繰り返すようになると「考える」力がついたといいます。「**考える力」を本格的に身につけ始めた高学年はいろいろな場面で考える力を発揮します。**

高学年の学習では体験を超えた世界へも足を踏み出します。分数や小数といった現実世界では目には見えにくい世界、歴史や地理のような体験したことのない世界、見えていたものが見えなくなる溶解や蒸発などの物理の世界、自分が出会ったこともない体験を描いた文学の世界へも足を踏み入れていきます。学力の差も教科の好き嫌いもはっきりしてくるのは、体験を超えた世界への関心のもち方と体験を超えた世界をイメージする想像力と手がかりの豊かさが思考力に反映するからでしょう。体験を超えた世界に関心をもつためには、体験を語り合い整理するコミュニケーションの豊かさ、見えないものに目を向ける文化的な素地や手がかりの豊かさが求められます。図書館や博物館に行き体験を超えた世界に思いを馳せることができる家庭ばかりではないことが、学力問題に跳ね返ってくるのです。

日常生活においては、冒険も試行錯誤から計画的な冒険へと飛躍し、悪と戦うワクワクする冒険物語が好まれるようになります。探偵物や探検物が好まれ、ゲームも「物語性」のあるものに変わっていきます。

スポーツでは作戦を立てることが面白くなり、負けた体験も次へのステップとし始めるため本格的に楽しめるようになり、練習も計画的に取り組むようになります。部活やスポーツ少年団が成立するのはそのためです。カードゲームでも将棋や囲碁でも相手の手を読み、相手を出し抜く手を検討して「いかに勝つか」に力を注ぐようになっていきます。そのため大人に勝つ子も増えてきます。勝ち負けそのものではなく、そこに至るために「考え工夫すること」に面白さを見つけ出すと、おけいごとも「その経過を楽しめるもの」に絞るようになります。親が勧めたものではなく、**自分が取り組むに値すると感じられるものにエネルギーを集約するようになっていく**のです。

⒝ 考えることがもたらすしんどさ

考える力がつくことは素晴らしいことであるとともに、子どもを大きく変身させることにつながります。頭の中で考えていることを振り返りうるようになると、人間関係に敏感な子では、自分だけでなく親も仲間たちも考えているのだと今更ながらに気がつき始め、他人の考えを斟酌するようになります。口では「好きなことをしたらよいのよ」と言いつつも、母親は本音では「勉強をがんばれ」と思っているのではないか、「友達だよ」ということばに裏があるのではないかなどと考え、相手にどう思われるかが気になりだします。本音と建前に敏感になり教師に対しても「ひいきする」といった批判が語られるようになります。

親や教師に**自分の考えを読まれたくないと大人と距離を取る子**も出てきます。秘密をもつし嘘もつきます。秘密をもつことが発達の証でもあるのです。嘘も幼児のような、ばれるような嘘はつきません。いじめられていた子が自殺に追い込まれた時に「教師や親がなぜ気づかなかったのか」と批判されますが、この時期ではいじめを秘密にして隠し、「いじめられてなんかいない」と嘘もつけるのです。面と向かって尋ねられると、こころを読まれることが心配で弱音も吐かなくなります。

悩むことができるのもこの時期からで、死因に自殺が登場するようになります。「何のために勉強するのか」「何のために生きるのか」といった答えの出ない問いを考えることが「悩む」ということだからです。

高学年の時期は、人生の意味のようなつらい重い問いではなく、試合のために作戦を考える、お出かけや旅行の計画を立てるなどワクワクする楽しいことに向け考える力を使ってほしいものです。学校行事や学童保育の行事で「自分たちで考え実行する」ことを重視するのも、**考えることの楽しさ**を実感してほしいからです。失敗を振り返ることよりも、次に向けて何をするかというクリエイティブな思考を大切にしたいものです。

考えることで大人と距離を取り始めた子どもにとっては、**今まで以上に仲間の位置が高まり、仲間にどう見られているのかが重要になってきます**。だから仲間とは楽しい体験を共有してほしいし、仲間とともに考えることで楽しさが倍増する体験を保障したいのです。

Ⓒ放課後生活に高学年らしい輝きを

放課後生活は家庭や学校とは異なる意味をもち、独自の輝きを放つものです。学校は学級を単位にした決まった人間関係の中で、学習という目標に向けて活動し過ごす場であるのに対して、放課後は本来、いつ誰とどこで何をどれくらいしても自由な時間帯です。開発途上国では放課後はなく子守や水汲みなど家の手伝いをする時間帯ですが、児童労働から基本的に解放されている日本では、学校が終われぱいつ誰とどこで何をどれだけしてもよいから、低学年では寄り道を含めた冒険や忍者修行に出ることが可能になり、高学年では部活動などでスポーツや音楽に取り組んだり、塾の前後に仲間でつるんで遊んだりして、仲間関係を深めるようになるのです。

学校での学びはその後の学習の土台として力にはなっていても、大人になって思い出すのは授業外の出来事ではないでしょうか。授業にかかわって思い出すとしても、合唱祭や運動会に向けて集団で練習したことが中心ではないでしょうか。この時期、仲間が重要な位置を占めているだけに仲間とともに「取り組んだこと」が感情を動かすからです。私が学校生活で最もよく覚えていることは、放課の時間にクラスメイトを引き連れて職員室に行き、クラスの「問題児」

だった男子に対する教師の姿勢を批判したことです。彼に対する教師の決めつけが許せませんでした。

ドキドキしたことや、自分が判断し自分からしたこと、仲間との関係で取り組んだことが記憶として残っていくということなのです。高学年になると自分の考えをもつだけに、ドキドキしつつも自分で選んだこと、自分で考えたこと、自分で判断したことが自分の中で大きな位置を占めるようになります。**いつどこで誰と何をどれだけしても自由な放課後は、ドキドキ・ワクワクの宝庫です。そして自分で判断し行動するという主体性を伸ばす大切な時間帯でもあります。**仲間とともにドキドキ・ワクワクを体験し、将来「自分らしさ」を花開かすための宝探しの舞台が放課後生活なのです。仲間関係が重要になる時期だけに、仲間とともに何に取り組むかが問われてきます。仲間外しやいじめのような陰湿な仲間関係に対しては、ドキドキ・ワクワクする活動に向けた仲間との共同を対置することが必要です。集団内での位置が固定すると主体的な判断や行動が阻害されますが、ドキドキ・ワクワクする関係の中では仲間関係に変化を生み出しやすくなるからです。そこに大人の役割があります。

放課後の高学年児童が主体性を発揮する拠点として、大人の生活圏から一線画し「秘密」をもつために、子どもたちは秘密基地を築いてきました。「ドラえもん」の秘密基地は空地の土管ですし、「二十世紀少年」たちの秘密基地は空地の雑草を編み込んで作った手製の隠れ家でしたが、空地が減った現代の子どもたちはこうした秘密基地をもちにくくなっています。子どもたちの秘密基地は一時期はゲームセンターでしたが、今はどこになっているのでしょうか。親が留守がちの家の個室でしょうか。それともインターネットの仮想世界でしょうか。主体性を発揮する活動と活動の場が狭められ、こころの秘密基地が仲間と隔絶された孤独な基地になってしまっては、この時期の子どもにとってはしんどさが大きすぎるかもしれません。勉強や部活動だけでなく、考える力をワクワクしつつ自由に広げうるような「時間と空間と仲間関係の保障を」とあらためて主張したくなります。

Ⓓ 障害によるしんどさと取り組みの視点

考える力をつけ仲間との関係に依存するようになるこの時期、**自分と仲間の違いに気づくことでしんどくなる**発達障害の子も増えてきます。「こんなことに関心をもっているのは自分だけだ」「こんなことがイヤなのは自分だけ」と思うと、「なぜ？」と不安になり、不安から親や低学年児童に暴言を言ったり暴力的になるなど、困った姿を示すことも出てきます。いじめられているという被害感が強まる子もいます。誰だって他人とは違うのですから、「違いの価値」を感じられる機会を保障するとともに、「違うことで困っていることは何か」「困り感を減らすために何をするか」をともに考え合う大人が必要になります。

そして何よりも、子どもが安心して自分の感じ方や思いを出せる場や時間帯、人間関係を、子どもにかかわる大人たちが考え合い築いていくことが求められます。高学年では、青年期の入口に入って来ていることを踏まえて、同じような感覚や興味をもっている仲間との出会いを演出してください。

おわりに

あいち障害者センターで「発達基礎講座」を開催したのち、私が理事をしている社会福祉法人や、教え子が園長をしている法人から、発達の講義を依頼されるようになりました。「職員全員で系統的に発達を学び共有したい」という思いをもっていただいたようです。

いま、親たちの生活は労働条件の厳しさから、シビアになる一方です。子どもたちも、ゲームやスマホなどの過剰な刺激にさらされ、じっくりと人間関係を築きにくくなっています。都市部では狭い空間や騒音の中でも保育が行われています。「保育所保育指針」に描かれている子どもの姿は、一体いつの、どこの子どもたちの姿なのでしょうか。

親子の生活が厳しさを増しているにもかかわらず、保育士の配置基準はなかなか改善されず、4歳児30人に1人の保育士というひどい基準です。「保護者支援」「インクルーシブ保育」「幼小連携」「保育の中に幼児教育を」などと、保育者に求められるものは増えても職員は増えず、給与も低く抑えられている。そんな保育現場で若い保育者が子どものかわいさに向き合うことは簡単ではありません。

ていねいに保育すべき障害児の通所支援事業所は、子どもが通所した数で補助が受けられるという仕組みのため、インフルエンザが流行れば即経営が厳しくなるという不安定なもので、職員も非専任率が高くなりがちです。

ダブルワーク、トリプルワークせざるを得ない親、育ちにしんどさを抱える子ども、その家庭と子どもを支えている保育者。みんなが大変な中ではありますが、子どもたちの姿の中に「子どもらしいかわいさ」を発見し、子どもを応援できる手がかりとなるような、そんな発達の学びをしてほしいと願っています。毎日通う場があるというだけで救われる親と子。通う場が子どもにとって「楽しい」場となるように、子どもの発達する権利と「問題な姿」で示す子どもの意見表明を保障する取り組みを、ささやかであってもめざしていきましょう。

でも仕事がしんどい。若いあなたも、体力の衰えを感じるあなたも、みんなステキな発達の可能性をもっているということを、職員間で共有し、明日の子どもの幸せのために、保育条件改善の力ともなるような発達の学びをしていただければ幸いです。

私のそんな思いがみなさんに伝わったでしょうか。厳しいご批判も含めて感想をお待ちしています。（＊増補部分は『日本の学童ほいく』２０１５年12月号、２０１６年１月号に掲載されたものを加筆・修正しました。）

著者　近藤 直子（こんどう なおこ）

日本福祉大学名誉教授
NPOあいち障害者センター理事長
全国発達支援通園事業連絡協議会会長

編著書に『続　発達の芽をみつめて——かけがえのない「心のストーリー」』(2009)、『ステキをみつける保育・療育・子育て』(2015)、『子どもたちに幸せな日々を——子どもと保護者の発達を保障するために』(2018) ともに全障研出版部。『自分を好きになる力——豊かな発達保障をめざして』(2012)、『ていねいな子育てと保育——児童発達支援事業の療育』(全国発達支援通園事業連絡協議会／編著、2013)、『療育って何？——親子に笑顔を届けて』(全国発達支援通園事業連絡協議会／編著、2018) ともにクリエイツかもがわなど。

子どものかわいさに出あう 増補版
乳幼児期の発達基礎講座

2017年 2月20日　初版発行
2019年11月20日　第5刷発行
2021年11月30日　増補版発行

著　者　© 近藤直子

発行者　田島英二
発行所　株式会社 クリエイツかもがわ
〒601-8382　京都市南区吉祥院石原上川原町 21
電話 075(661)5741　FAX 075(693)6605
ホームページ　https://www.creates-k.co.jp
郵便振替　00990-7-150584
印刷所　モリモト印刷株式会社

ISBN978-4-86342-203-2 C0037　　printed in japan

好評既刊

いちばんはじまりの本　赤ちゃんをむかえる前から読む発達のレシピ

井川典克／監修　大村祥恵・町村純子・NPO 法人はびりす／編著

助産師・保健師・作業療法士・理学療法士・言語聴覚士・医師・市長・市議会議員・家族の立場、ごちゃまぜチームで執筆。胎児期から学童期までのよくある相談をQ&Aで紹介！

あじわい深い子育てをみんなで楽しむいちばんはじまりの本。　2200円

凸凹子どもがメキメキ伸びるついでプログラム　2刷

井川典克／監修　鹿野昭幸・野口翔・NPO 法人 はびりす／編著

「ついで」と運動プログラムを融合した、どんなズボラさんでも成功する、家で保育園で簡単にできる習慣化メソッド！児童精神科医×作業療法士×理学療法士がタッグを組んだ最強の生活習慣プログラム32例。　1980円

子どもたちが笑顔で育つムーブメント療育

小林芳文／監修　小林保子・花岡純子／編著

子どもの育ちの原点である楽しい運動遊びを通して「からだ（動くこと）、あたま（考えること）・こころ（感じること）」の発達を応援するムーブメント教育・療法のノウハウを紹介。　2420円

乳幼児期の感覚統合遊び　保育士と作業療法士のコラボレーション　7刷

加藤寿宏／監修　高畑脩平・田中佳子・大久保めぐみ／編著

「ボール遊び禁止」「木登り禁止」など遊び環境の変化で、身体を使った遊びの機会が少なくなったなか、保育士と作業療法士の感覚統合遊びで、子どもたちに育んでほしい力をつける。　1760円

子ども理解からはじめる感覚統合遊び　保育者と作業療法士のコラボレーション　6刷

加藤寿宏／監修　高畑脩平・萩原広道・田中佳子・大久保めぐみ／編著

保育者と作業療法士がコラボして、保育現場で見られる子どもの気になる行動を、感覚統合のトラブルの視点から10タイプに分類。①その行動の理由を理解、②支援の方向性を考える、③集団遊びや設定を紹介。　1980円

子どもの命を守るために　保育事故裁判から保育を問い直す

平沼博将・繁松祐行・ラッコランド京橋園乳児死亡事故裁判を支援する会／編著

認可外保育施設、無資格の保育担当者2人と17人の子どもたちが過ごす部屋で起こった「うつぶせ寝」事故。裁判を通して明らかになった事実から、保育士、研究者、弁護士らが多角的に保育の現状に迫り、本来の「保育」とは何かを考える。　1320円

わたしの妹・ゆうくん・いっしょにね!!　いっしょにね!!全3巻

共生の障がい理解、地域づくり＝インクルーシブな社会への種まき——保育園・幼稚園・小学校で子どもたちが感動した400回超えの出前紙芝居を原作にした絵本『わたしの妹』『ゆうくん』（髙田美穂・いっしょにね!!／文　yoridono／絵）と、障がい児も健常児も親もみんないっしょに育った成長の記録『いっしょにね!!　障がいのある子もない子も大人たちも輝くために』（田中智子・髙田美穂・いっしょにね!!／編著）。　各1650円

好評既刊

発達を学ぶちいさな本　4刷
子どもの心に聴きながら
白石正久／文・写真

どんなに幼い子どもでも、それぞれの発達時期において、その時期らしい願いをもっている。0歳から5歳までの心と身体の発達の道すじを、たくさんの写真とともに、子どもの表情や指先、行動、言葉からよみとく。

1320円

子どものねがい子どものなやみ（改訂増補版）　2刷
乳幼児の発達と子育て
白石正久／著

発達とは、矛盾をのりこえること——現実の自分を前に苦しんでいる、しかし、発達への願いを放棄しない心を感じ合える。そんなとき、ともに前を向いて、いっしょに矛盾をのりこえていく力も生まれてくる。だからこそ…発達の矛盾をみつめることは、人と人の絆をつくる。

2200円

よく遊び　よく食べ　よく眠る　発達が気になる子どもの子育て
加々見ちづ子・松野安子／著

「生活のリズムを整える」「基本的生活習慣の獲得」「発達につながる遊び」の実践を通して、発達が気になる子どもの子育てと療育の本質を明らかに！

1760円

療育って何？　親子に笑顔を届けて　2刷

近藤直子・全国発達支援通園事業連絡協議会／編著

障害と診断される前の時期から「育てにくさ」を感じたとき、相談し、安心して利用できる子育て支援の場があることの大切さと取り組みを、親、OT、PT、保育士、事業所、行政、さまざまな視点から紹介。

1870円

ていねいな子育てと保育

児童発達支援事業の療育　3刷
近藤直子・全国発達支援通園事業連絡協議会／編著

根拠法、運営費や利用者負担の仕組みが大きく変わる制度改定を重ねても、大切にしているものは変わらない。子どもと親を真ん中にした全国の療育実践から、児童発達支援事業の役割を伝える。

1980円

障害のある人とそのきょうだいの物語

青年期のホンネ　2刷
近藤直子・田倉さやか・日本福祉大学きょうだいの会／編著

「話せる場」ができたとき、14人の青年が語り出す、これまでの自分とこれからの自分。兄弟姉妹や親へのさまざまな思い。

1100円